Modélisation statistique de la langue Arabe

Karima Meftouh

Modélisation statistique de la langue Arabe

Une expérience

Éditions universitaires européennes

Mentions légales / Imprint (applicable pour l'Allemagne seulement / only for Germany)
Information bibliographique publiée par la Deutsche Nationalbibliothek: La Deutsche Nationalbibliothek inscrit cette publication à la Deutsche Nationalbibliografie; des données bibliographiques détaillées sont disponibles sur internet à l'adresse http://dnb.d-nb.de.
Toutes marques et noms de produits mentionnés dans ce livre demeurent sous la protection des marques, des marques déposées et des brevets, et sont des marques ou des marques déposées de leurs détenteurs respectifs. L'utilisation des marques, noms de produits, noms communs, noms commerciaux, descriptions de produits, etc, même sans qu'ils soient mentionnés de façon particulière dans ce livre ne signifie en aucune façon que ces noms peuvent être utilisés sans restriction à l'égard de la législation pour la protection des marques et des marques déposées et pourraient donc être utilisés par quiconque.

Photo de la couverture: www.ingimage.com

Editeur: Éditions universitaires européennes est une marque déposée de Südwestdeutscher Verlag für Hochschulschriften GmbH & Co. KG
Dudweiler Landstr. 99, 66123 Sarrebruck, Allemagne
Téléphone +49 681 37 20 271-1, Fax +49 681 37 20 271-0
Email: info@editions-ue.com

Agréé: Annaba, Université Badji Mokhtar, 2010

Produit en Allemagne:
Schaltungsdienst Lange o.H.G., Berlin
Books on Demand GmbH, Norderstedt
Reha GmbH, Saarbrücken
Amazon Distribution GmbH, Leipzig
ISBN: 978-613-1-59756-5

Imprint (only for USA, GB)
Bibliographic information published by the Deutsche Nationalbibliothek: The Deutsche Nationalbibliothek lists this publication in the Deutsche Nationalbibliografie; detailed bibliographic data are available in the Internet at http://dnb.d-nb.de.
Any brand names and product names mentioned in this book are subject to trademark, brand or patent protection and are trademarks or registered trademarks of their respective holders. The use of brand names, product names, common names, trade names, product descriptions etc. even without a particular marking in this works is in no way to be construed to mean that such names may be regarded as unrestricted in respect of trademark and brand protection legislation and could thus be used by anyone.

Cover image: www.ingimage.com

Publisher: Éditions universitaires européennes is an imprint of the publishing house Südwestdeutscher Verlag für Hochschulschriften GmbH & Co. KG
Dudweiler Landstr. 99, 66123 Saarbrücken, Germany
Phone +49 681 3720-310, Fax +49 681 3720-3109
Email: info@editions-ue.com

Printed in the U.S.A.
Printed in the U.K. by (see last page)
ISBN: 978-613-1-59756-5

Université Badji Mokhtar   Faculté des sciences de l'Ingénieur

Modélisation statistique de la langue Arabe

THÈSE

présentée et soutenue publiquement le 04 Février 2010

pour l'obtention du

Doctorat de l'université Badji Mokhtar – Annaba
(spécialité informatique)

par

Karima Meftouh

Composition du jury

Président :	Pr. Boufaida Mahmoud	de l'Université de constantine
Rapporteurs :	Pr. Laskri Mohamed Tayeb	de l'Université de Annaba
	Pr. Smaili Kamel	de l'Université Nancy2
Examinateurs :	Dr. Kazar Okba	de l'Université de Biskra
	Dr. Souici Meslati Labiba	de l'Université de Annaba

Laboratoire de Recherche en Informatique — LRI

Mis en page avec la classe thloria.

Remerciements

****

* J'adresse mes sincères remerciements a Mohamed Tayeb Laskri, mon directeur de recherche, pour ses compétences et sa rigueur, ainsi que pour son enthousiasme vis-a-vis de mon travail. Je lui suis reconnaissante de m'avoir ouvert des voies qui sans son aide, je ne les aurais jamais entrepris.

* Cette thèse n'aurait pas vu le jour sans l'aide constante de Kamel Smaïli, mon co-encadrant. Je le remercie chaleureusement pour ses lectures attentives et exigeantes, ses remarques, ses conseils et sa disponibilité. Il m'a accompagnée sans relâche durant toutes les années de mon doctorat. Travailler avec lui m'a beaucoup apporté.

* Je tiens à exprimer ma sincère gratitude envers Pr. Mahmoud Boufaida, Dr. Okba Kazar et Dr. Labiba Souici pour avoir bien voulu faire partie de mon jury et avoir lu attentivement ma thèse dans le peu de temps dont ils disposaient. Merci à eux de leur patience.

* Mes remerciements vont également à Yamina Mohamed BenAli, Fadila Atil, Najah Chridi et encore une fois à Labiba Souici pour leur amitié et leur soutien.

* Merci à tous mes amis et à ma famille qui depuis tant d'années m'encouragent et dont la chaleur, l'enthousiasme et le soutien m'ont permis de garder le moral.

* Merci à Mohamed pour son soutien sans faille.

****

To my Lord : "The One who created me, and guides me.
The One who feeds me and quenches my thirst.
And when I get sick, He cures me.
The One Who puts me to death, then brings me back to life.
The One Who will hopefully forgive my sins on the Day of Judgment.
My Lord, grant me wisdom, and include me among the righteous."
– Prophet Abraham peace be upon him

Table des matières

Chapitre 1
Traitement automatique de la langue Arabe

Chapitre 4
Etude comparative des modèles statistiques de la langue Arabe et d'autres langues

Liste des tableaux

Table des figures

Introduction générale

La modélisation du langage est la tentative de caractériser, capturer et exploiter les régularités syntaxiques, sémantiques et pragmatiques du langage naturel. Elle est largement utilisée dans un certains nombre d'applications liées au traitement du langage naturel comme par exemple la reconnaissance de l'écriture manuscrite, la correction orthographique ou la traduction automatique.

Dans sa forme la plus simple, un modèle de langage doit être la représentation d'une liste de phrases appartenant au langage. Des modèles plus complexes doivent décrire la structure et le sens relatifs aux phrases en langue naturelle.

Historiquement, les techniques de modélisation du langage sont divisées en deux catégories. Le premier type de modèles sont les grammaires traditionnelles, comme les grammaires d'unification et à contexte libre. Malgré qu'elles soient, d'un point de vue linguistique, rigoureusement définies, elles souffrent des insuffisances typiques des systèmes à base de règles : Ils sont difficiles à maintenir et à adapter à de nouveaux domaines et langages. Ces dernières décennies, la seconde catégorie de modèles appelée modèles probabilistes (ou statistique), basés sur une représentation statistique du langage naturel, sont largement utilisés.

Les modèles statistiques estiment la probabilité d'apparition d'un mot sachant les mots le précédant dans la phrase (son historique). Les modèles les plus performants à l'heure actuelle sont les modèles de langage dits n-grammes. Ils estiment la probabilité d'apparition d'un mot uniquement en fonction des $(n-1)$ derniers mots le précédant.

0.1 Problématique de la recherche

Par ses propriétés morphologiques, syntaxiques, phonétiques et phonologiques, la langue Arabe est considérée comme faisant partie des langues difficiles à appréhender dans le domaine du traitement automatique du langage écrit et parlé. Dans le domaine du traitement automatique de l'Arabe écrit, les recherches ont débuté vers les années 1970. Les premiers travaux

1

concernaient notamment les lexiques et la morphologie. Depuis une dizaine d'années, l'internationalisation du Web et la prolifération des moyens de communication en langue Arabe, ont révélé un grand nombre d'applications du TALN Arabe. Les travaux de recherche ont ainsi commencé à aborder des problématiques plus variées comme la syntaxe, la traduction automatique, l'indexation automatique des documents, la recherche d'information, etc. Cette thèse s'inscrit dans le domaine du traitement automatique de la langue Arabe, et plus précisément dans l'approche statistique. Notre objectif est d'étudier l'adéquation de cette langue à être modélisé par des n-grammes classiques.

0.2 Contributions

Nos travaux de recherche ont pour objectif de trouver comment modéliser le mieux la langue Arabe. D'abord, nous nous sommes penchés sur la question : "quelle est la meilleure unité (mot ou morphème) à prendre en considération pour la modélisation statistique de l'Arabe ? Nous avons donc mené différentes expérimentations qui nous ont permis de confirmer que les modèles à base de morphèmes sont les plus appropriés pour l'Arabe.

Notre intérêt à la modélisation statistique nous a menés vers une autre problématique : La constitution de corpus. Ces derniers sont la matière première de construction de modèles de langage. L'intérêt de la communauté internationale des chercheurs à la langue Arabe est récent. Cependant, il y'a peu (ou pas) de corpus libre d'accès mis à la disposition des chercheurs s'intéressant à cette langue. Nous avons alors développé un outil de construction de corpus de l'Arabe capable de donner par interrogation automatique du moteur de recherche Google une liste d'URL et de récupérer et normaliser les pages correspondantes.

Une dernière partie de nos travaux de recherche concerne une étude comparative des modèles statistiques de la langue Arabe et ceux de plusieurs autres langues. Nous avons pu démontrer que les meilleurs modèles pour l'Arabe sont des modèles d'ordre supérieur à comparer aux modèles calculés pour les autres langues.

0.3 Organisation de la thèse

Ce mémoire est organisé en quatre chapitres.
Le premier chapitre donne un état de l'art de la langue Arabe : statut géographique et origine, grammaire et morphologie. Nous présentons également dans ce chapitre les particularités du traitement automatique de la langue Arabe et le problème du manque de données.

Dans le second chapitre, nous décrivons l'outil que nous avons développé pour la construction de corpus de la langue Arabe.

Le troisième chapitre est composé de deux parties. Dans la première partie, nous proposons un état de l'art de la modélisation statistique du langage. Nous abordons les divers types de modèles de langage en fonction de l'historique utilisé pour prédire le mot à venir. Nous exposons dans la seconde partie les expérimentations que nous avons effectuées dans le cadre de la modélisation statistique de la langue Arabe.

Vient alors le dernier chapitre consacré à l'étude comparative des modèles de l'Arabe et ceux d'autres langues à savoir le Français, l'Anglais, le Portugais, le Grec et le Finnois.

Enfin, nous concluons et donnons des perspectives à l'ensemble de ces travaux.

Chapitre 1

Traitement automatique de la langue Arabe

1.1 Introduction

Le mot sémitique est largement utilisé pour se référer à une famille de langues qui sont historiquement liées et qui ont des grammaires très similaires. C'est un adjectif dérivé de Shem, le nom de l'un des trois fils de Noah. La famille des Langues sémitiques comprend 17 languages, les cinq plus parlés sont donnés dans le tableau 1.1.

Langues	Nombre de locuteurs (M)
Arabe	280
Amharique	27
Hebreu	7
Tigrinya	$6, 7$
Syriaque	$1, 5$

TABLE 1.1 – les cinq langues sémitiques les plus parlées.

Parmi les principales caractéristiques grammaticales partagées par les langues sémitiques, nous citons les suivantes :

1. Elles acceptent trois nombres pour les noms : singulier, duel et pluriel ;

2. Tous les mots proviennent d'une racine qui est composée uniquement de consonnes. Ces consonnes sont appelées radicaux et sont généralement au nombre de trois ou quatre ;

3. Temps des verbes : accompli, inaccompli et impératif ;

4. Trois cas pour les noms et les adjectifs : nominatif, accusatif et le génitif.

Dans le cadre du traitement automatique des langues, ces caractéristiques introduisent de nouveaux défis. Ainsi, différentes techniques seront nécessaires pour parvenir à un rendement qui soit comparable à ceux obtenus pour d'autres langues telle que l'Anglais. La langue Arabe, la langue cible des travaux de recherche présentés dans ce document, est la plus parlée des langues sémitiques (voir tableau 1.1). Elle est l'une des six langues officielles de l'Organisation des Nations Unies. Elle est également la cinquième langue la plus utilisée dans le monde [1], (l'Anglais est classé troisième avec un nombre de locuteurs qui varie entre 309 et 400 millions). Nous présentons dans la section suivante sa répartition géographique et son origine.

1.2 Statut géographique de la langue Arabe

L'Arabe est la langue officielle d'au moins 22 pays :

1. Péninsule arabique : l'Arabie saoudite, Bahreïn, les Émirats Arabes Unis, Oman, le Qatar, le Yémen ;

---

1. Extrait de http ://fr.wikipedia.org/wiki/Arabe_standard_moderne

2. Moyen-Orient : l'Irak, la Jordanie, le Koweït, le Liban, la Palestine, la Syrie ;

3. Afrique : l'Algérie, l'Égypte, les Comores, Djibouti, la Libye, le Maroc, la Mauritanie, la Tunisie, la Somalie, le Soudan.

L'expansion et le développement de la langue Arabe ont été intimement liés à la naissance et la diffusion de l'islam. L'Arabe s'est imposé, depuis l'époque Arabo-Musulmane, comme langue religieuse mais plus encore comme langue d'administration, langue de la culture et de la pensée, d'ouvrages historiques, de dictionnaires, de traités des sciences et des techniques, de récits de voyages et d'aventures. Ce développement s'est accompagné d'une rapide et profonde évolution (en particulier dans la syntaxe et l'enrichissement lexical)[2].

On fait remonter l'origine de la langue Arabe au deuxième siècle. Dans une forme assez proche de l'Arabe classique actuel. La tradition donne par moments des origines bien antérieures : la reine de Saba, l'ancien Yémen ainsi que des tribus disparues auraient parlé l'Arabe dans une forme plus ancienne [2] . Les premières traces de l'écriture arabe, telle qu'on la connaît de nos jours, remontent au troisième siècle. Une description de l'écriture Arabe est donnée dans la section suivante.

1.3 Ecriture

L'alphabet Arabe comprend vingt-neuf lettres fondamentales (vingt-huit si l'on exclut la hamza, qui se comporte soit comme une lettre à part entière soit comme un diacritique, 25 consonnes et 3 voyelles longues) et des diacritiques. Elle s'écrit de droite à gauche. Il n'y a pas de différence entre les lettres manuscrites et les lettres imprimées ; les notions de lettre capitale et lettre minuscule n'existent pas. En revanche, la plupart des lettres s'attachent entre elles et leur graphie diffère selon qu'elles sont précédées et/ou suivies d'autres lettres ou qu'elles sont isolées. La table 1.2 montre un exemple de la lettre (ف | "f") dans ses différentes formes.

isolée	initiale	médiane	finale
ف	ف	ـفـ	ـف

TABLE 1.2 – les différentes formes de la lettre ف | "f"

Les diacritiques sont utilisés comme voyelles brèves (أ, إ, ﺇ,) et ne sont que rarement no-
tées (dans des ouvrages didactiques ou religieux). Elles sont nécessaires à la lecture et à la compréhension correcte d'un texte. Elles permettent de différencier des mots ayant la même

---

2. Ces informations sont extraites de http ://fr.wikipedia.org/wiki/Arabe

représentation. La table 1.3 donne des exemples de mots non voyéllés et leurs différentes interprétations.

Mot non voyéllé	1ère interp.	2ème interp.	3ème interp.
كتب	اكْتَبَ "a écrit"	اكْتِبَ "a été écrit"	اكْتُب "livres"
مدرسة	اَمَدرَسَة "école"	مُدَرِّسَة "enseignante"	اَمُدَرِّسَة "est enseignée"

TABLE 1.3 – Exemples d'interprétation de mots non voyéllés

C'est le second script le plus largement utilisé dans le monde (après l'alphabet Latin). En
tant qu'alphabet de la langue du Coran, sacrée pour les musulmans, son influence s'est étendue avec celle de l'islam et il a été aussi utilisé (ou l'est encore) pour écrire d'autres langues
qui n'ont aucune parenté avec l'Arabe, comme le persan, le turc (avant 1928, date à partir de
laquelle Mustafa Kamal Atatürk a imposé la transcription latine), la kashmiri, le sindhi, ou encore l'ourdou et le kurde (toutes ces langues, d'ailleurs, sauf le turc qui est une langue altaïque,
étant indo-européennes). La Figure 1.1 montre un exemple illustrant un texte arabe.

إنحراف التربة يستهلك الملايير دون جدوَى

FIGURE 1.1 – Un exemple de texte Arabe

1.4 Variétés de la langue Arabe

l'Arabe peut être considéré comme un terme générique regroupant plusieurs variétés :

1. L'Arabe classique : ou l'Arabe coranique est la forme utilisée dans le Coran et dans les
   documents officiels du 7e au 9e siècle. Aujourd'hui, l'Arabe classique n'est utilisé que
   dans des occasions spéciales.

2. L'Arabe standard moderne (ASM) : est le nom que l'on donne à une variante moderne
   de la langue Arabe, celle qui est enseignée dans les classes, utilisée à la télévision, la
   radio, les journaux, etc. Il s'agit d'une variante moderne et standardisée dont la source
   est l'Arabe poétique et coranique normalisée par les grammairiens des premiers siècles
   de l'islam. La modernisation de l'Arabe s'est produite au début du 19e siècle, dans le
   grand mouvement de renaissance arabe appelé la Nahda (renaissance), essentiellement
   opérée par des intellectuels syriens, libanais, palestiniens et égyptiens - dont un très grand
   nombre de chrétiens, qui marquaient par là leur attachement au monde Arabe. Ils procé-
   dèrent à l'isti'rab (arabisation) : simplification de la syntaxe et introduction de nouveaux

8

mots pour décrire des objets ou des concepts modernes (comme train ou démocratie) par le procédé de l'analogie (al-qiyas) - 60 % du vocabulaire arabe classique actuel est issu de cette modernisation, qui a également affranchi la langue du domaine religieux. C'est cette variété d'Arabe qui a été retenue comme langue officielle dans tous les pays arabes, et comme langue commune entre pays arabes. Elle est également la langue employée dans la plupart des écrits et, à l'oral, dans les situations officielles ou formelles (discours religieux, politiques, journaux télévisés).

3. L'Arabe dialectal : langues parlées au quotidien dans les pays arabes. D'un pays à l'autre, voire d'une région à l'autre dans un même pays, les dialectes arabes varient parfois tellement qu'il est difficile de les considérer comme une seule langue. On peut regrouper ces dialectes en quatre grands groupes :

   (a) les dialectes arabes, parlés dans la Péninsule Arabique : dialectes du Golfe, dialecte du najd, yéménite.

   (b) les dialectes maghrébins : algérien, marocain, tunisien, hassaniya de Mauritanie.

   (c) les dialectes proche-orientaux : égyptien, soudanais, syro-libano-palestinien, irakien (nord et sud).

   (d) la langue Maltaise qui est également considérée comme un dialecte arabe.

Dire langue Arabe, c'est donc parler d'un ensemble complexe dans lequel se déploient des variétés écrites et orales répondant à un spectre très diversifié d'usages sociaux, des plus savants aux plus populaires. Mais au delà de cette diversité, les sociétés arabes ont une conscience aiguë d'appartenir à une communauté linguistique homogène. Elles sont farouchement attachées à l'intégrité de leur langue, d'où l'importance de l'ASM qui constitue le terrain commun pour cette large population [2].

1.5 La grammaire Arabe

Nous introduisons dans cette section des concepts de la grammaire Arabe.
Le lexique arabe comprend trois catégories de mots [41] : noms, verbes et particules. Un nom est un mot qui a une signification indépendamment du temps. les noms sont définis ou indéfinis. les noms définis sont [62] :

   – Les noms propres ;

   – Les noms précédés de l'article défini (الـ) ;

   – Les pronoms personnels tels que (أَنَا) et (أَنْتَ) ;

   – Les pronoms démonstratifs tels que (هَذَا) et (هذه) ;

9

– Les pronoms relatifs comme (الذي) et (التي) ;

– En construction genitive telle que (كِتَاب المُعلِّم)[3] où le mot (كِتَاب) est rendu défini par sa relation avec le mot défini (المُعلِّم).

Un verbe est un mot qui indique une action à un certain temps. Les verbes sont accomplis ou inaccomplis (temps présent ou futur). Les verbes accomplis dénotent des événements réalisés, alors que les verbes inaccomplis dénotent des actions inachevées. Les verbes sont fléchis et morphologiquement marqués selon la personne, le nombre, et la voix (actif et passif). Les verbes inaccomplis sont également fléchis selon le mode (indicatif, subjonctif, jussif, et l'impératif).

N'importe quel mot qui n'est pas un nom ou un verbe est considéré comme particule. Les particules sont des mots qui n'ont aucune signification par eux-mêmes, par exemple des prépositions et des conjonctions.

L'Arabe a deux types de phrases : nominale et verbale. Une phrase nominale est une phrase qui commence par un nom, alors qu'une phrase verbale est une phrase qui commence par un verbe. Dans les deux phrases il devrait y avoir un accord en nombre et genre entre le verbe et le sujet.

L'Arabe a deux genres, masculin et féminin. Le suffixe qui marque le genre féminin est (ة). La forme féminine du mot est habituellement constituée en ajoutant ce suffixe à la forme singulière masculine. Par exemple, (مدرس)[4] est un mot singulier masculin, (مدرسة) est la forme au féminin. Bien que la plupart des formes féminines soient formées de la même manière, il y a des exceptions où les mots féminins ne finissent pas avec le suffixe féminin comme dans le mot (الشمس)[5] et le mot (الصحراء)[6].

L'Arabe admet trois nombres : singulier, duel et pluriel. Le duel est généralement obtenu par l'ajout du suffixe (ان) à la forme singulière. Par exemple (مدرسان)[7] est le duel du mot singulier (مدرس).

Il y a deux types de pluriels en Arabe : pluriel régulier (connu sous le nom de pluriel sain) et pluriel irrégulier ou brisé. Le pluriel régulier est constitué en ajoutant un suffixe spécifique à la

---

3. Le livre du maître
4. l'équivalent du mot *enseignant* en Français
5. Le soleil
6. Le Sahara ou desert
7. Deux enseignants

forme singulière du nom. Le pluriel sain masculin est constitué en ajoutant le suffixe (ون) à la forme singulière, alors que le pluriel sain féminin est constitué en remplaçant le suffixe féminin singulier (ة) par (ات). Le pluriel irrégulier est formé en utilisant des modèles plutôt que des suffixes réguliers. Par exemple le pluriel de (علم) [8] est (أعلام), celui de (رسول) [9] est (رسل).

1.6 La morphologie Arabe

La morphologie est l'étude de la structure interne des mots et des règles qui régissent cette structure. Elle a une importance toute particulière en Arabe. Comme toute langue sémitique, la morphologie de l'Arabe fonctionne sur le principe de radicaux verbaux, le plus souvent à trois consonnes. Des voyelles s'y ajoutent pour former des dérivés et des formes flexionnelles. Une famille de mots peut ainsi être générée d'un même concept sémantique à partir d'une seule racine à l'aide de schèmes.

1.6.1 Notions de schème et de racine

La racine d'un mot est une suite consonantique ordonnée de trois (فعَل) ou quatre lettres (فعَّل) - rarement cinq - à partir de laquelle on peut obtenir une variété de mots ayant une même nuance. La racine a une signification générale et de base qui forme la base de beaucoup de significations relatives. Ces dernières sont représentées par les consonnes de racine mises dans différentes formes appelées les modèles. Ils sont produits du processus de vocalisation et de l'affixation. Ces modèles constituent les schèmes. Il y'a a peu prés 400 modèles distincts [9]. La table 1.4 donne des exemples de schèmes pour une racine trilitaire.

L'association de la racine et du schème détermine la signification réelle du mot. Par exemple, la racine (كتب) avec l'addition des voyelles (ا, ا) donne le mot (كِتَاب), tandis que la combinai-son modèle-racine qui génère (كَاتِب) signifie "quelqu'un qui écrit" ou "commis". La table 1.5 illustre l'ensemble de mots dérivés de la racine trilitaire (كتب), leur catégorie grammaticale et les schèmes correspondants.

1.6.2 Les affixes

Les mots Arabes acceptent des préfixes et des suffixes. Contrairement à l'Anglais, la plupart des connecteurs, conjonctions, prépositions, pronoms et pronoms possessifs sont attachés direc-tement au mot Arabe, formant des dérivations plus compliquées. Des infixes sont ajoutés aux

---

8. Drapeau
9. Messager

Schèmes arabes				
فعل	مستفعل	مفَاعيل	تفعلون	فعَالَّتَان
مفعل	مستفعلَات	أفعل	تفعلي	فعَالَى
مفعلون	مستفعلون	أفعلَاء	تفعيلَات	فعلَى
مفعلين	متفَاعل	أفتعل	فَاعل	فعلي
مفعلَان	متفَاعلَات	أفتعَال	فَاعلَان	فعول
مفعول	مفَاعل	تفَاعل	فعَائل	يفعل
مفعلة	مفَاعلون	تفَاعلَان	فعَال	يفعلَان
مفعَال	مفَاعلَات	تفعلين	فعَالة	يفعلون

TABLE 1.4 – Exemples de schèmes arabes

schème	catégorie	dérivée	schème	catégorie	dérivée
فَعَلَ	V	اكتب "a écrit"	مَفعَل	N	مَكتَب "Bureau"
فعَال	N	اكتَاب "un livre"	مَفعَلة	N	مَكتَبة "une bibliothèque"
فعَالة	N	اكتَابَة "écriture"	مُفَاعَلة	N	مُكَاتَبة "correspondance"
فَاعل	N	اكَاتب "écrivain"	إفتعَال	N	إكتتَاب "faire écrire"
فَاعَلَ	V	اكَاتَب "écrire à quelqu'un"	فعَالي	Adj	اكتَابي "mon livre"

TABLE 1.5 – Dérivées de la racine trilitaire كتب

noms en appliquant des modèles, souvent pour former le pluriel brisé [62]. Une combinaison de ces affixes donne lieu à différentes formes pour le même mot. Dix lettres sont employées comme affixes. Elles sont regroupées dans l'acronyme (سأَلتمونيهَا). Certains prefixes et suffixes sont utilisés en combinaison avec des noms et des suffixes ; d'autres sont exclusivement utilisés avec des noms ou des verbes [62]. La figure 1.2 montre un exemple de composition de mot arabe.

FIGURE 1.2 – Exemple de composition de mots Arabes

1.7 Particularités du traitement automatique de l'Arabe

Dans cette section, nous présentons les caractéristiques de la langue Arabe qui doivent être prises en considération dans presque toute tâche du Traitement automatique du langage naturel (TALN).

1. *Les voyelles brèves*

   De nos jours, les voyelles brèves ne sont pas toujours employées dans les journaux et les livres (sauf didactiques). Par conséquent, le texte est plus ambigu et une technique robuste de désambiguïsation du sens des mots est nécessaire. Considérons par exemple la phrase suivante :

   ولد هذا ا العَالِم و البَاحث في مصر

   Cette phrase admet deux interprétations possible à cause de l'absence de voyelles brèves du mot (ولد) :

   وُلِدَ هذَا العَالِمُ وَ البَاحِثُ في مِصرَ

   Ce savant et chercheur est né en Egypte

   ou bien :

   وَلَدُ هذَا العَالِمُ وَ البَاحِثُ في مِصرَ

   Le fils de ce savant et chercheur est en Egypte

2. *Absence de lettres capitales*

   L'absence de lettres capitales augmente significativement la difficulté des tâches TALN telles que la reconnaissance d'entités nommées [12].

3. *Une morphologie très complexe*

   Nous avons vu qu'un mot Arabe résulte essentiellement de la concaténation d'une racine et d'affixes. Cette stratégie particulière de formation des mots en Arabe explique pourquoi les corpus Arabes ont généralement une faible proportion de formes de mots (tokens) (voir section 1.8). Par conséquent, pour toutes les applications de TALN qui nécessitent une phase d'apprentissage, un corpus d'apprentissage de très grande taille est également nécessaire.

13

1.8   Problème du manque de données

Dans cette section, nous visons à donner une vue d'ensemble claire sur la différence entre les données Arabes et les données d'autres langues ayant une morphologie moins complexe. Comme nous l'avons cité précédemment, un mot Arabe est constitué d'un corps schématique (en Anglais Stem) plus des affixes et des clitiques (antefixes et postfixes). Par conséquent, ce qui est exprimé par un simple mot en Arabe, requiert plusieurs mots dans d'autres langues telles que le Français ou l'Anglais. Partant d'une perspective de traitement automatique du langage naturel(TALN), une morphologie fortement complexe est la cause de la faible densité [10] des données et plusieurs tâches TALN exigeraient alors un pré-traitement des données afin d'obtenir des performances élevées. La faible densité de données peut également être définie comme insuffisance des données. Dans le contexte de TALN, des données sont vues comme insuffisantes quand le rapport de la cardinalité du vocabulaire [11] au nombre total des mots est très élevé [12]. Ainsi, on peut intuitivement déduire que ce rapport est plus important pour des données Arabes que pour d'autres langues ayant une morphologie moins complexe. Ceci est dû principalement au fait que le même mot peut être attaché à différents affixes et clitiques et par conséquent le vocabulaire est beaucoup plus grand.

Afin d'aborder ce problème d'insuffisance de données, deux solutions sont possibles :

1. Effectuer une racinisation légère (light stemming) : qui consiste à simplement éliminer tout affixe et garder seulement le stem.

2. Tokenization : à la différence du light stemming, les affixes ne sont pas complètement enlevés mais sont simplement séparés les uns des autres et bien sûr du stem par le caractère d'espacement.

La compléxité de la morphologie Arabe présente de sérieux problèmes pour des applications de TALN, en particulier pour la modélisation du langage. Afin de prouver expérimentalement l'effet de cette complexité, des chercheurs ont effectué des expériences avec différents types de corpus Arabes en employant quelques mesures stylo-métriques [11]. Les mesures utilisées sont celles citées dans [52] à savoir :

1. $Complexity = C \log(M)$
   où C est le nombre moyen de caractères constituant un mot et M est le nombre moyen de mots dans une phrase. La complexité est un facteur relatif à la nature du corpus.

2. $Variety = \frac{n}{\log(N)}$
   où n est le nombre de mots constituant le vocabulaire et N est le nombre de mots total

---

10. Ceci est une traduction approximative du terme anglais "Data sparseness
11. Le terme vocabulaire représente ici le nombre de mots différents constituant le corpus

du corpus. Ce facteur donne une idée sur la variété des expressions présentes dans un document. Il est donc relatif au style de l'auteur.

3. *Exactitude de la distribution de fréquence de mots d'un corpus*

Le linguiste George Kingsley Zipf rapporte que le texte qui suit le modèle de la loi de Zipf nécessite moins d'efforts de son lecteur pour être compris. Afin de mesurer cette correspondance de la distribution de fréquence de mots d'un texte à la loi de distribution de Zipf, les auteurs ont choisi la distance de Kullback-Leibler [47] comme mesure. cette distance est asymétrique et mesure la distance d'une distribution de probabilités P (loi de distribution de Zipf) à une distribution de probabilités arbitraire (distribution de fréquence de mots). Cette distance D_{KL} est définit comme suit [11] :

$$D_{KL}(P,Q) = \sum_i P(i) \log \frac{P(i)}{Q(i)} \qquad (1.1)$$

4 corpus de différents types ont donc été choisis afin de mesurer l'effet de la compléxité de l'Arabe. La table 1.6 donne une description de ces corpus.

Corpus	corpus1	corpus2	corpus3	corpus4
Description	poésie	articles journalistiques	linux red hat tutoriaux	livres de religion
Auteur	Abu Tayeb Al-Moutanabi	différents auteurs	Non connu	Ibn Al-Qayyim Al-Jawziyya
Nombre de mots	66000	50000	55000	65000
Taille en KB	360	260	126	460

TABLE 1.6 – Description des corpus

Les critères de sélection de ces corpus sont les suivants [12] :

– Corpus1 : Ce corpus n'a aucun thème spécifique et il est écrit dans un style de très haute qualité. Il est également très riche en vocabulaire parce que l'utilisation de synonymes en poésie est trés appréciée.

– Corpus2 : Les textes constituant ce corpus abordent différents thèmes et des domaines différents ce qui rend le vocabulaire considérablement riche.

– Corpus3 : un ouvrage scientifique axée sur un seul thème. Même si la taille du vocabulaire n'est pas très grande, la lecture de ce livre nécessiterait davantage d'efforts à comparer aux autres types de livres.

– Corpus4 : Il contient également un vocabulaire restreint car il est axé sur un seul thème. Ce livre religieux a été écrit par Ibn Al-Qayyim Al-Jaweziyya.

Les expérimentations effectuées sur ces corpus sont alors organisées comme suit :

15

1. Pré-traitement : qui consiste à éliminer les voyelles brèves de tous les corpus ;

2. 1ère expérience : calculer les valeurs relatives à la complexité, à la variété et la distance de Kullback-Leibler comme définis précédemment ;

3. Segmentation : effectuer une segmentation des mots en utilisant l'outil de Mona Diab disponible sur son site [12] ;

4. 2ème expérience : calculer les valeurs comme dans la première expérience sur les corpus segmentés ;

La table 1.7 montre les valeurs obtenues pour chacun des corpus.

Corpus	Complexité		Variété		distance de Kullback-Leibler	
	Brut	Segmenté	Brut	Segmenté	Brut	Segmenté
Corpus1	2.14	1.84	1887.35	1547.86	62486.31	22120.32
Corpus2	18.55	14.94	1501.76	1033.87	49292.38	32836.98
Corpus3	19.55	14.78	881.47	508.39	65381.42	41893.44
Corpus4	23.62	16.52	1042.03	760.56	44473.40	28870.38

TABLE 1.7 – Résultats obtenus pour les différents facteurs

La complexité du corpus 1 (poésie) est nettement inférieure par rapport aux autres corpus parce que le nombre moyen de mots dans une phrase est environ 5 mots : en poésie Arabe classique, les poèmes sont organisés en colonnes ce qui réduit considérablement la moyenne de mots par phrase. Pour les autres corpus, on peut voir que la complexité est très réduite quand l'information contenue dans le texte est plus importante que le style d'écriture de ce dernier (par exemple le corpus scientifique). En ce qui concerne la variété, on peut dire qu'elle donne une idée sur le vocabulaire utilisé dans le texte. La plus grande valeur de ce facteur est observée pour le corpus de poésie où l'emploi de synonymes est très fréquent. Les résultats affichés pour la distance de Kullback-Leibler montrent que ce facteur dépend fortement du style d'écriture du texte : la plus petite valeur est obtenue pour le corpus de poésie où le style d'écriture est important. De manière générale, quelque soit le facteur, les valeurs obtenues sont considérablement inférieures lorsque les corpus sont segmentés. Donc, on peut conclure que les traitements statistiques sont plus performants, pour l'Arabe, quand ils sont effectués sur des corpus segmentés. Ces résultats se confirmeront encore une fois par nos expérimentations que nous exposerons dans le chapitre 3.

Nous allons maintenant consacrer le reste de ce chapitre à l'exposé de quelques outils nécessaires pour l'élaboration des prétraitements indispensables pour le traitement statistique de la langue Arabe.

---

12. http ://www1.cs.columbia.edu/ mdiab/

1.9 Les étiqueteurs

1. *L'étiqueteur de Khoja*

   L'étiqueteur APT (Arabic Part-of-speech Tagger) [41] fonctionne directement sur du texte arabe. Il a été développé avec une combinaison de techniques à savoir statistiques et basées-règles. L'ensemble d'étiquettes (au nombre de 177) est basé sur la description de la grammaire Arabe traditionnelle. Il regroupe donc les trois grandes catégories : nom, verbe et particule. Les adverbes et les prépositions sont traités comme sous-catégories des catégories principales. L'outil consiste en un segmenteur composé d'un étiqueteur à base de règles et d'un étiqueteur statistique.

   La fonction du segmenteur est de supprimer tous les affixes du mot afin de produire le stem ou la racine. Selon l'auteur les affixes permettent de reconnaître la catégorie grammaticale d'un mot. Cependant, elle les utilise pour déterminer l'étiquette du mot en cours. Les tests du segmenteur à base de règles montrent qu'il atteint un taux de réussite de 97 % en utilisant un dictionnaire de 4748 racines trilitaires et quadrilitaires. Les mots ambigus sont pris en charge par le segmenteur statistique. Deux probabilités sont utilisées : probabilité lexicale et probabilité contextuelle. Le segmenteur statistique atteint une précision d'environ 90 % pour ce qui est de la desambiguïsation de mots. Mais de façon générale, pour atteindre de meilleurs résultats, un étiquetage manuel est utilisé ; Aussi un pré-traitement des composants doit être ajouté pour traiter certaines erreurs telles que la hamza et les points sous la lettre (ي). Globalement, une performance de 86 % a été enregistrée.

2. *L'étiqueteur de Freeman*

   Cet étiqueteur représente une version Arabe de l'étiqueteur de Brill [28]. Il utilise un ensemble de 146 étiquettes extrait de l'ensemble d'étiquettes du Brown corpus pour l'Anglais. Étant donné que cet ensemble est conçu pour les langues indo-européennes, il est naturel qu'il inclut des étiquettes pour des catégories que la grammaire Arabe traditionnelle ne reconnaît pas ou manque de certaines catégories Arabes telles que le duel, les noms féminins... Cet étiqueteur fonctionne sur les caractères romains et est appliqué à des lexemes plutôt qu'à des mots complets.

   Ainsi, la première étape consiste à transcrire le texte Arabe en caractères romains en utilisant le système conçu par Buckwalter et Beesely (2001). La deuxième étape consiste à analyser chaque graphème en ses lexemes, qui sont les stems et les affixes. Finalement la dernière étape consiste à appliquer les étiquettes. Prenons par exemple le mot (فسيكتبونَها/"fasayaktbuwnahaA"). Ce dernier est composé de six lexèmes "fa-sa-ya-ktb-uwna-haA", recevant chacun une étiquette. Chaque Lexeme possède une entrée lexicale

unique dans le lexique. Le but principal étant d'étiqueter un corpus de 50000 mots à utiliser pour la phase d'apprentissage de l'étiqueteur de Brill. L'étiqueteur est disponible à
partir de la liste de diffusion Arabe (Arabic-l@byu.edu) pour essai.

1.10 Analyseurs morphologiques

La fonction principale d'un analyseur morphologique est d'identifier les racines des mots et
les informations morpho-syntaxiques correspondantes. Pour l'Arabe, il y a grand besoin d'un
système puissant et rapide pouvant faire face à des textes provenant de différents domaines
avec une structure de documents variable et écrits dans des styles différents. En outre, nous
sommes tout le temps confronté à des textes Arabes non voyéllés qui sont plus confus. Les
mots n'utilisant pas de signes diacritiques sont généralement ambiguës du fait qu'ils peuvent
avoir plus d'une seule analyse. Cette dernière décennie a vu le développement de plusieurs
analyseurs morphologiques. Nous donnons, dans cette section, une brève description des plus
connus d'entre eux.

1. *Analyseur de Beesley*

   Beesley à développé un analyseur morphologique et un générateur de l'Arabe en utilisant
   des techniques à états finis [10]. L'objectif principal de la mise au point de cet analyseur est de l'utiliser comme une aide à l'enseignement et comme un composant dans les
   systèmes de traitement du langage naturel. C'est un analyseur morphologique à deux niveaux : un niveau est pour les racines et les patterns ; l'autre niveau est pour les affixes,
   préfixes, enclitiques et certaines formes telles que les prépositions, article défini, conjonctions qui sont normalement associées à des mots comme préfixes. Les deux niveaux sont
   combinés par certaines règles d'alternance pour produire toutes les occurrences accep-
   tables de mots.

   L'analyseur utilise un dictionnaire de 4930 racines qui sont combinées à des modèles.
   77800 unités sont produites par la combinaison des différents préfixes et suffixes. Il opère
   sur des mots complètement ou partiellement voyéllés ou sans voyelles. Quand on soumet
   un mot, l'analyseur donne toutes les voyellations possibles en plus de la racine et le modèle correspondant.

   Il faut noter que cet analyseur opère sur des mots isolés et ne fait que générer les différentes solutions possibles sans aucune classification.

2. *Analyseur de Buckwalter*

   Cet analyseur morphologique [17] [18] est rendu publique online [13]. Il est utilisé par le

---
13. L'analyseur est disponible à : http ://www.ldc.upenn.edu/Catalog/CatalogEntry.jsp ?catalogId=LDC2002L49

consortium des données linguistiques (LDC) pour l'étiquetage morphosyntaxique (POS tagging) de textes Arabes. Il contient plus de 77800 entrées de stem qui représentent 45000 articles lexicaux. La sortie analyseur utilise un système de translittération dans lequel chaque symbole correspond à une unité de script Arabe "GRAPHÈME". Toutefois, l'utilisation de ce système a été critiquée : il n'est pas capable de reconnaître tout type, il n'est pas facile de mélanger des textes Arabe et romain dans le même document et il omet de représenter la ponctuation Arabe car il les utilise pour représenter les lettres.

3. *Analyseur de Sakhr*

   La société Sakhr a également produit un analyseur morphologique référencé comme étant un processeur morphologique Multi-mode (MMMP). Ce programme fonctionne sur de l'Arabe classique et moderne. Il identifie la forme de base en supprimant tous les affixes et il donne le modèle morphologique correspondant.

4. *Analyseur de Kareem Darwish*

   L'analyseur de Darwish [23] peut être considéré comme un segmenteur plutôt qu'un analyseur morphologique du fait qu'il se limite à indiquer l'ensemble de racines possibles d'un mot donné. Il est composé de deux modules :

   (a) Le module "Built-Model" qui utilise une liste de paires racine-mot comme entrée pour dériver une liste de préfixes et suffixes, pour former les modèles de Stems et pour calculer la probabilité d'apparition d'un préfixe, suffixe ou d'un modèle. La liste de mots est construite automatiquement en utilisant l'analyseur morphologique ALPNET.

   (b) Le module "Detect-Root" qui calcule les probabilités des stems, des suffixes et des modèles comme survenant en une seule combinaison. Le problème est qu'il peut produire des mots inexistants.

1.11   Dictionnaires Arabes en ligne

Le nombre de dictionnaires en ligne de la langue Arabe est trés limité à comparer au nombre de dictionnaires existant pour l'Anglais et pour les langues européennes. Néanmoins, il y'a quelques uns dont le plus connu est "Ajeeb". c'est un dictionnaire bi-directionnel produit par la compagnie SAKHR. D'autres dictionnaires existent aussi tels que "Ectao" et "Lisan Al-Arab" (disponible sur CD et distribué par Markaz Al-Turath li Abhaath Al-Haasib Al-Aaly), Al-Mawrid et Al-Misbar produit par ATA Software technology [3]. La compagnie Cimos a également mis au point quatre dictionnaires en ligne (Anglais-Arabe), (Français-Arabe), (Arabe-Français) et (Arabe-Anglais) comme "Ad-Dalel general dictionary" contenant plus de 150000 entrées et "Ad-Dalel specialised" dictionary couvrant les domaines informatique, sciences, ... et contenant 30000 entrées. Il faut également indiquer que tous ces dictionnaires ne sont pas libres d'utilisation [14].

1.12 Conclusion

La langue Arabe est une langue sémitique et a donc une morphologie "templatique" où les mots sont constitués de racines et d'affixes. Cela conduit à la production d'une grande variété de formes de surface. Dans un contexte de traitement de langage naturel (TALN), ce phénomène est appelé faible densité des données (ou insuffisance de données). Pour cette raison particulière, les tâches de TALN , supervisées et non supervisées, sont devenu plus difficiles et doivent être abordées différemment.

Pour une application telle que la modélisation statistique du langage, la caractéristique agglutinative de la langue Arabe augmente le nombre de mots hors vocabulaire car un mot ayant une probabilité considérable s'affiche avec différents affixes et par conséquent les performances des modèles de langage se trouvent réduites.

Avant de présenter les expérimentations que nous avons effectué en modélisation statistique de la langue Arabe, nous décrivons dans le chapitre suivant celles que nous avons mené pour la constitution de corpus (de l'Arabe) qui représentent la matière première de construction de modèles de langage.

---

14. Cette information est disponible à l'adresse : http ://www.cimos.com/index.asp ?src=fiche#13

Chapitre 2

Constitution de corpus pour la langue Arabe

2.1 Introduction

L'utilisation de corpus n'est bien entendue pas récente dans toutes les branches du traitement automatique du langage. De ce fait plusieurs corpus, pour différentes langues, ont été mis au point. Dans le cas de la langue Arabe, on constate un manque terrible de corpus libres d'accès, mis à la disposition des chercheurs.

D'autre part, les progrès dans les télécommunications (Internet) et plus généralement dans le mode de diffusion de l'information (CD-ROM...) permettent à l'heure actuelle de collecter un nombre très important d'informations. Le web est une immense source de ressources de toute nature : textes, images, sons, ... Ce volume énorme et cette diversité présentent des avantages et des inconvénients : On peut rapidement rassembler un grand nombre de documents sur support électronique, donc assez facilement exploitables par des outils de traitement automatique des langues. Mais il n'est pas toujours facile de trouver ce qu'on cherche. De plus, les documents présents sur le Web sont hétérogènes :

1. du point de vue des thèmes abordés ;

2. du point de vue des genres : on y trouve aussi bien des articles scientifiques très pointus sur un domaine que des pages personnelles, des sites commerciaux, des CV, etc...

3. du point de vue de la qualité du contenu informatif : chacun peut publier ce qu'il veut sur le Web, la qualité des informations et leur véracité n'est pas vérifiée.

4. du point de vue du format : la grande majorité des pages d'Internet sont au format HTML, mais on y trouve aussi des documents au format texte, Word, PDF, PS...

A partir du moment où on est conscient des particularités du Web et des contraintes qu'impose la constitution d'un corpus, le Web peut constituer une source de textes pour la constitution d'un corpus.

Mais tout n'est pas si simple. La constitution de corpus à partir du Web soulève un certain nombre d'interrogations : Comment récupérer des données ? Quels sont les outils disponibles ? Les données récupérées sont elles directement exploitables ?

Tout au long de ce chapitre, nous allons essayer de répondre à ces questions en présentant notre travail sur la constitution de corpus pour la langue Arabe à partir du Web. Mais avant d'aborder cette question, nous allons présenter quelques notions de base sur les corpus.

2.2 Définition de corpus

Sinclair définit un corpus comme une collection de données langagières qui sont sélectionnées et organisées selon des critères linguistiques utilisés comme échantillon du langage : "A corpus is a collection of piece of language that are selected and ordered according to explicit linguistic criteria in order to be used as a sample of the language."

Benoît Habert dans [34] propose une définition encore plus restrictive :

" Un corpus est une collection de données langagières qui sont sélectionnées et organisées selon des critères linguistiques et extra-linguistiques explicites pour servir d'échantillon d'emplois déterminés d'une langue ", ce qui restreint les données possibles aux occurrences d'une langue particulière, sélectionnées selon une méthode mixte multi-dimensionnelle [25].

Mentionnons également la définition de François Rastier [66] :

" Un corpus est un regroupement structuré de textes intégraux, documentés, éventuellement enrichis par des étiquetages, et rassemblés : (i) de manière théorique réflexive en tenant compte des discours et des genres, et (ii) de manière pratique en vue d'une gamme d'applications ".

Malgré la variété des caractéristiques (données langagières, textes intégraux, sélection, archives ...) introduite par ces trois définitions, elles s'accordent sur un même principe descriptif. Un corpus électronique se caractérise par une nature, une structure et une finalité [25].

1. Une nature : l'ensemble constitué par les documents recueillis est composé de données langagières écrites (romans, journaux, publicités, lettres...) et / ou orales (interviews, conversations, monologues...).

2. La notion de structure engage deux réalités : la sélection des données et l'enrichissement du corpus. La sélection (organisation, structure) implique immédiatement la question du choix des données à assembler et pose la question de leur représentativité par rapport à l'objectif visé de la recherche : langue générale ou langue de spécialité. L'enrichissement suit certaines conventions de représentation.

3. Une finalité : d'une façon générale, il s'agit d'obtenir un échantillon représentatif soit d'une langue générale, soit d'une langue de spécialité.

2.3 Typologie des corpus

Dans la littérature, on distingue différents types de corpus. La liste suivante n'est pas exhaustive, mais elle offre un aperçu de quelques-uns des différents types de corpus qui peuvent être compilés.

2.3.1 Corpus de référence vs corpus spécialisé

Un corpus de référence est conçu pour fournir une information en profondeur sur une langue. Il vise à être suffisamment grand pour représenter toutes les variétés pertinentes de cette langue et son vocabulaire caractéristique [34]. Un corpus spécialisé se restreint à une situation de communication, un domaine, une langue de spécialité, c'est-à-dire un langage spécifique, très contraint du point de vue lexical, syntaxique, voire textuel, que l'on trouve dans les domaines scientifiques et techniques.

2.3.2 Corpus écrit vs corpus oral

Nous distinguons un corpus oral d'un corpus écrit par le fait qu'il soit constitué de transcriptions écrites de paroles prononcées (discours, débats, etc.). Quelques corpus tels que le " British National Corpus " contiennent une mixture de textes écrits et oraux.

2.3.3 Corpus monolingue vs multilingue

Un corpus monolingue est constitué de textes couvrant une seule langue. A l'inverse les corpus multilingues contiennent des textes dans deux ou plusieurs langues. Ces derniers peuvent être subdivisés en corpus parallèles et corpus comparables.

Corpus parallèle

On appelle corpus parallèle un ensemble de couples de textes tel que, pour un couple, un des textes est la traduction de l'autre. Il est intéressant d'aligner ces corpus, c'est-à-dire de faire correspondre chaque unité du texte en langue source avec chaque unité de texte en langue cible (au niveau des paragraphes, phrases et mots) pour disposer d'un jeu de donnée bilingue, en particulier dans des domaines spécialisés où le vocabulaire et l'usage des mots et des expressions évolue rapidement.

Corpus comparable

Un corpus comparable est composé de textes dans des langues différentes mais partageant une partie du vocabulaire employé, ce qui implique généralement que les textes parlent d'un même sujet, à la même époque et dans un registre comparable. Une sélection d'articles de journaux dans différentes langues, traitant d'une même actualité internationale et à la même époque constitue un bon exemple de corpus comparable. Déjean et Gaussier (2002) donnent la définition suivante de corpus comparable : " Deux corpus de deux langues $l1$ et $l2$ sont dits comparables s'il existe une sous-partie non négligeable du vocabulaire du corpus de langue $l1$, respectivement $l2$, dont la traduction se trouve dans le corpus de langue $l2$, respectivement $l1$".

2.3.4   Corpus synchronique vs diachronique

Un corpus synchronique présente un aperçu de l'utilisation de la langue pendant un temps limité. Autrement dit, il est constitué de textes écrits dans la langue d'une même époque. Un corpus diachronique est constitué de textes d'époques différentes. Il est donc utilisé pour étudier la façon dont la langue a évolué sur une longue période de temps.

2.3.5   Corpus fermé vs de suivi

Plusieurs corpus constituent des ressources achevées, dés lors immuables (sauf à en extraire des sous corpus). On parle alors de corpus fermé. A l'inverse, avec la possibilité de capter en continu des données est apparue la notion de corpus de suivi. Par définition, un tel corpus ne cesse de croître. Et il devient alors possible d'étudier l'évolution de certains phénomènes langagiers.

2.3.6   Corpus d'apprenant

Un corpus d'apprenant est un corpus qui contient des textes écrits par des apprenants d'une langue étrangère. Ces corpus peuvent être utilement comparés à des corpus de textes écrits par des locuteurs natifs. De cette façon, les enseignants, les étudiants ou les chercheurs peuvent identifier les types d'erreurs commises par les apprenants en langues.

2.4   Critères importants pour l'utilité du corpus

Les questions qui reviennent dans la conception de tout corpus comprennent : le type de corpus, l'adéquation pour le projet visé, la possibilité de réutiliser ou d'interchanger ces corpus, la taille, la représentativité (c'est-à-dire, la variété de textes, d'auteurs, de sources, etc.), l'utilisation de textes complets ou d'échantillons, l'annotation et la gestion méticuleuse. Bien sûr, certains de ces critères sont difficiles à équilibrer entre eux et représentent des difficultés dans la construction du corpus [54].

2.4.1   Le type

Nous avons décrit plus haut les différents types de corpus pouvant être mis au point. Il est nécessaire de choisir le type de corpus à construire avant de commencer le processus de construction proprement dit.

25

2.4.2 Adéquation au projet

Il est clair que la qualité des résultats d'un travail sur corpus dépend en grande partie de la qualité du corpus. Ceci implique divers facteurs :

– que le domaine des textes dans le corpus soit bien défini et délimité ;
– que les textes soient assez représentatifs pour appuyer les conclusions qu'on en tire ;
– que l'organisation, l'annotation, et le contenu du corpus favorisent son exploitation.

2.4.3 La réutilisabilité | l'interchangeabilité

Ce critère est mentionné dans la plupart des sources consultées ; ceci est logique, étant donné l'investissement de temps et d'effort nécessaire pour construire un corpus bien équilibré. Concrètement, cette réutilisabilité se manifesterait par une indexation méticuleuse et complète des textes, ainsi que la documentation des procédures de recherche utilisées pour les trouver. Ceci permettrait de créer des sous corpus selon divers critères avec un certain degré de fiabilité.

2.4.4 La taille

Il n'y a malheureusement pas de consensus sur la taille souhaitable pour un corpus, ni en langue générale, ni en langue spécialisée. Le seul point certain semble être qu'un corpus général doit être beaucoup plus grand qu'un corpus spécialisé. Cependant, la taille est souvent limitée par la disponibilité des textes.

2.4.5 La représentativité

La représentativité d'un corpus est sa capacité de fonctionner comme une base fiable pour des généralisations sur une langue particulière (générale ou spécialisée). Ceci implique à la fois une taille et une variété de textes adéquates.

2.5 Où utilise-t-on des corpus

Les corpus sont généralement utilisés d'une part pour des raisons d'efficacité technique : on peut stocker et distribuer des volumes de données énormes qu'on peut analyser rapidement (interroger les corpus, construire des listes de fréquence, ou des co-occurrences). D'autre part, parce qu'ils constituent une ressource intéressante là où les dictionnaires, glossaires, ou même la recherche sur Internet ne peuvent pas aider. Quelques exemples typiques d'utilisation des corpus :

- En linguistique, pour étudier la compétence ou performance linguistique en se basant sur des données authentiques. Pour l'étude de vocabulaire, de la grammaire, ou, dans les études diachroniques pour observer l'évolution de la langue ou des sens des mots.
- En linguistique informatique (Traitement automatique du langage naturel : TALN), pour entraîner ou tester les outils d'analyse textuelle ou construire des dictionnaires pour des domaines donnés.
- En linguistique appliquée : dans l'apprentissage et l'enseignement d'une langue étrangère, pour permettre aux apprenants d'émettre des hypothèses et les tester plutôt que créer des exemples pour illustrer des hypothèses préalables.

2.6 Linguistique de corpus

Les premiers travaux en linguistique de corpus remontent à 1961. C'est à ce moment que le premier corpus électronique a été mis sur pied. Il s'agissait de ce qui s'appelle maintenant le corpus Brown [51]. Le corpus a été complété en 1964 et comprenait alors un million de mots. Depuis les années 1990, la taille des corpus s'est accrue de façon considérable. Par exemple, le British National Corpus (BNC) comprend 100 millions de mots et le Bank of English en compte 300 millions. Les corpus ont maintenant la possibilité d'être annotés, c'est à dire que les mots peuvent être suivis d'informations morphologique, syntaxique, sémantique, etc. Leur popularité est due en partie au traitement automatique des langues naturelles, qui s'y intéresse désormais de plus en plus.

L'Arabe est une langue internationale, rivalisant avec l'anglais en nombre de locuteurs de langue maternelle. Le nombre estimé de locuteurs natifs de la langue Arabe est de plus de 200 millions. Ajoutons également que plus d'un milliard de musulmans utilisent l'Arabe pour la pratique de leur religion. L'Arabe est aussi l'une des langues officielles de l'Organisation des Nations Unies et d'autres organisations internationales. Cependant, relativement peu d'attention a été consacrée à l'Arabe. Bien qu'il y ait eu quelques efforts en Europe, qui ont abouti à la production de corpus de la langue Arabe, les progrès dans ce domaine restent encore limités. De manière générale, ceci est non seulement dû à la séparation historique et culturelle, mais aussi à la complexité de la langue Arabe et de sa structure. À l'heure actuelle, la recherche sur corpus en arabe traîne loin derrière celle des langues européennes modernes. Pour autant que nous sachions, la plupart des études sur l'Arabe, jusqu'à présent, ont été fondées sur des données assez limitées [3]. Nous présentons dans le tableau 2.1 une liste de corpus existant à l'heure actuelle [61].

La majorité des corpus de la langue Arabe n'est accessible au public qu'au travers de dépositaires tels que " the Linguistic Data Consortium " (LDC) et " the European Language Resource

27

Nom corpus	Taille	Fournisseur
Al-hayat Arabic data set	268MB	Open University(disp. en ELDA's catalogue)
An-nahar text corpus	6 ans d'archives 24 Millions de mots/an	ELDA
SOTETEL Arabic text corpus	8 millions de mots	SOTETEL-IT
Tagged corpora Arabic-Italian		ILC
Bilingual aligned corpora Arabic-Italian		ILC
Monolingual reference corpora		ILC
UN Arabic English Parallel Text		LDC
Umaah Arabic English Parallel News Text	3039 histoires	LDC
Arabic-English Parallel Translation	13027 paires de phrases	LDC
10K word AFP Arabic Newswire corpus translated into English		LDC
Multiple Translation Arabic	141 histoires	LDC
Arabic Treebank : Part 1	10k-word English Translation	LDC
TDT 3 Arabic Text		LDC
TDT4 Multilanguage Corpus		LDC
TREC Cross-Language Topics		LDC
Arabic text corpora	480 millions mots	LDC
Arabic Newswire Part 1 Agence France Press Corpus	165K mots	LDC
Arabic Newswire Part 2 : Umaah Corpus	140K mots	LDC
Arabic journalistic text corpus		Benabou
Annotated corpus of handwritten Arabic text patterns	des centaines d'écritures	Imaginet
POS/Semantic tagged annotated Arabic corpora		Salwa Asayyid Hamada
Morphologically analysed and manually revised (according to RDI's formalism) text corpus	environ 300000 mots	RDI
The Arabic POS tagging(du même corpus juste cité avant)		RDI
DIINAR-MBC (INCO-DC 961791-EC)	Arabic 10 M mots	Nijmegen University SOTETEL-IT, coordination de Lyon
Morphologically analysed Arabic multidomain large text corpus	> 1 Mega de mots	Sakhr
POS tagged Arabic multi-domain large text corpus	> 1 Mega de mots	Sakhr
Phonetically transcripted Arabic multi-domain large text corpus	> 1 Mega de mots	Sakhr
Large corpus of labeled scanned pages of multi-domain Arabic documents for training type written OCR's		Sakhr
Annotated domain specific parallel(esp.Arabic-English)text corpora		Sakhr

TABLE 2.1 – Corpus existants de l'Arabe

Association " (ELRA) à partir desquels ils peuvent être achetés par des organisations académiques ou industrielles. Toutefois, cela ne les rend pas facilement accessibles à la plupart des chercheurs et des praticiens. D'autres sont généralement compilés pour un projet de recherche spécifique, plutôt que comme une ressource générale.

2.7 Le Web comme source de corpus

L'utilisation du Web comme base pour la constitution de ressources textuelles est récente. Ces dernières années sont le témoin sur les travaux tentant d'exploiter ce type de données. Dans une perspective de traduction automatique Resnik dans [67] étudie la possibilité d'utiliser les sites Internet proposant les informations en plusieurs langues pour constituer des corpus parallèles bilingues. Ghani et al en [30] exposent l'idée de construction de corpus, à partir du web, par interrogation automatique de moteurs de recherche. Ils exploitent cette idée pour la constitution de corpus de langues minoritaires. Dans une toute autre approche Issac et al [36] mettent au point un logiciel pour la constitution d'un corpus de phrases dans le but d'étudier le comportement des noms prédicatifs marquant la localisation et le déplacement, afin de mesurer si l'introduction des prépositions dans les requêtes en recherche d'information permet d'améliorer la précision. En 2004, Baroni et Bernardini introduisent le " BootCAT Toolkit [7]. Un ensemble d'outils permettant :

1. La construction itérative de corpus par interrogation automatique de Google,

2. L'extraction de terminologie.

Bien qu'il soit dédié à la mise au point de corpus spécialisés, cet outil fut utilisé par Baroni et Ueyama [73] et Sharoff [70] pour la constitution de corpus généralisés.

Les documents du web ont également été utilisés par nombre de chercheurs (Volk en 2001 [43], Keller et Lapata en 2003 [40], Villasenor-pineda et al 2003) pour adresser le problème du manque de données en modélisation statistique du langage.

Vu le problème de non disponibilité de corpus de la langue Arabe que nous avons exposé dans la section précédente, et comme ils sont indispensables pour une application telle que la modélisation statistique du langage, nous avons été mené à envisager la mise au point d'un corpus de la langue Arabe à partir du Web. Nous présentons dans ce qui suit les détails de cette expérience.

2.8 Constitution d'un corpus de l'Arabe à partir du Web

2.8.1 Mise en oeuvre

L'utilisation de corpus n'est bien entendue pas récente dans presque toutes les applications du traitement automatique du langage, particulièrement dans le développement de modèles statistiques de langage. Les corpus de textes représentent la matière première de construction de

29

tels modèles [35], et en cela, comme nous l'avons déjà mentionné, Internet constitue un réservoir textuel fabuleux.

Il existe deux moyens de constituer un corpus à partir du Web [13] :

1. Utilisation d'un aspirateur à Web (outil permettant de récupérer un ensemble de pages à partir d'une adresse). Cette méthode est très rapide mais n'est utilisée que si les données qui constitueront le corpus sont regroupées sur un ensemble de sites connus.

2. Interrogation automatique de moteurs de recherche pour effectuer la sélection d'un certain nombre d'adresses. Il s'agit ensuite de récupérer manuellement ou automatiquement les pages correspondantes.

Pour notre part nous avons opté pour ce dernier principe. L'outil que nous décrivons se compose de plusieurs sous programmes écrits en Perl. La figure 2.1 illustre son principe de fonctionnement [58].

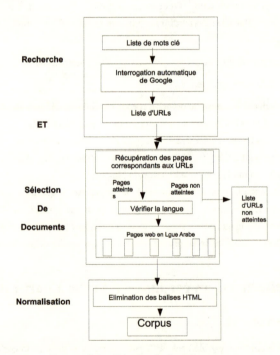

FIGURE 2.1 – Principe de fonctionnement

Interrogation automatique

Un moteur de recherche est habituellement interrogé par le biais de son interface qui est un formulaire HTML où l'on doit remplir le champ texte de la requête et cocher les différentes autres options qui nous intéressent. Au lancement de cette requête, toutes ces données sont encodées dans une URL et envoyées à un programme CGI qui les transmet aux outils de recherche du moteur. Ces derniers cherchent les documents correspondant à la requête et renvoient la liste des adresses où se trouvent ces documents.

Pour automatiser la recherche les données de la requête doivent être envoyées directement aux outils de recherche sans passer par l'interface. L'unique moyen d'interroger la base de données de Google de façon automatisée est la Google API.

La Google API est un kit de développement logiciel disponible librement, qui permet de créer de nouvelles applications utilisant directement la base de données des pages indexées par Google. Pour développer avec cette API, les trois étapes suivantes sont nécessaires :

1. S'inscrire auprès de Google et obtenir une clé.

2. Récupérer par téléchargement une série de classes en PHP, qui permettent d'interroger facilement Google.

3. Développer ses propres outils en y incluant la clé et le fichier PHP.

Google limite l'utilisation de la Google API à 1000 requêtes par jour. Chaque requête pouvant renvoyer au maximum 10 résultats.

Pour définir les requêtes à envoyer à Google, nous avons établi une liste de mots clé. Cet ensemble de mots clé doit permettre de rassembler le maximum de documents relevant de différents domaines afin de mettre au point un corpus le plus général possible. Chacun de ces mots constitue une requête qui est passée en paramètre à la fonction "doGoogleSearch". Nous spécifions également en paramètre à cette fonction l'Arabe comme langue de documents à chercher. Afin de réduire au minimum la chance de tomber sur des documents correspondants à d'autres langues, mais écrits avec l'alphabet arabe, nous nous sommes limités à des domaines arabes suffixés par des champs dont l'origine linguistique a de forte chance d'être Arabe tels que ".dz". Les URL des pages renvoyées par la fonction "doGoogleSearch" sont imprimées dans un fichier. Celles apparaissant plusieurs fois ne sont retenues qu'une fois.

Récupération et sélection des documents

A l'issue de l'étape précédente, nous avons obtenu une liste d'URLs. Chacune d'elles est donnée en paramètre à la fonction " Get " du module " LWP : :simple " de Perl qui permet de récupérer les pages correspondantes.

Quand une page n'est pas accessible, son URL est conservée dans un fichier afin de vérifier pourquoi elle n'a pas pu être atteinte. Lorsque la page existe, il faut vérifier son adéquation aux critères exigés avant de l'enregistrer. On doit surtout vérifier que le texte contenu dans cette page est écrit en arabe.

Normalisation des textes récupérés

Par normalisation, nous entendons transformations des documents initiaux de manière à ce qu'ils soient comparables [4].

Les textes étant au format HTML, et vu que l'application visée est la modélisation statistique du langage, il semble justifié de les mettre au format " .txt ". Nous éliminons, pour cela, toutes les balises HTML de chacune des pages récupérées. Cette étape nécessite une bonne connaissance de la norme HTML et de la signification de chaque balise présente dans les pages Web. Plusieurs problèmes surviennent si on se contente d'une simple élimination de ces balises. Des mots se retrouvent concaténés car la balise qui définit leur mode de présentation est supprimée. De plus, de certains éléments de la structure de la page, tel que le titre, nous pouvons déduire des fins de phrases implicites qui peuvent être utiles pour une application telle que la modélisation statistique. Nous appliquons, à cet effet les règles suivantes [74] :

1. La première concerne les balises qui sont simplement supprimées. Ce sont majoritairement les balises entrant en jeu dans la typographie du document qui engendrerait, si elles étaient remplacées par un espace, des segmentations de mots.

2. La seconde est exactement l'inverse de la précédente. Certaines balises indiquent implicitement un espace entre deux mots. C'est le cas pour celles qui délimitent des blocs de texte ou qui intègrent des objets.

3. La dernière extrapole des marques de fin de phrase à partir de certaines autres balises.

Le corpus est ainsi constitué du texte extrait des pages récupérées.

2.8.2 Présentation des résultats

Pour faire la recherche sur Internet, il nous fallait des mots clé. Ne s'intéressant pas à un domaine précis et voulant mettre au point un corpus qui regroupe le maximum de constructions possibles, nous avons choisi de prendre des mots qui représentent des domaines à part entière. Le tableau 2.2 donne la liste de ces mots clé.

A partir de cette liste nous faisons une recherche par l'intermédiaire du moteur de recherche Google. 3000 URLs ont été ainsi récupérées. Ceci est dû au fait que le nombre de fois qu'une même requête est lancée (chaque requête retourne 10 résultats au maximum), dépend fortement

السِّياسة
الإقتصاد
المرأة
الإسلام
السِّياحة

TABLE 2.2 – Mots clé utilisés pour la recherche

du nombre estimé de résultats reporté par Google. La figure 2.2 montre le début de la liste d'URLs trouvées.

Nous avons par la suite rapatrié en local les pages correspondant à ces URLs pour les analyser. Nous vérifions surtout que le contenu est en arabe. Les pages retenues passent par une étape de normalisation afin d'extraire leur corps textuel. Nous obtenons ainsi un corpus constitué d'environ 608000 mots.

FIGURE 2.2 – début de la liste d'URLs trouvées

Ce corpus ne peut pas être utilisé directement. Quelques prétraitements supplémentaires, nécessaires pour une application de modélisation statistique du langage, doivent être effectués. Le texte issu du web contient :

– des séquences de chiffres qui doivent être réécrites en lettres ;
– Des URL, des adresses e-mail et des mots étrangers qui doivent être supprimés ;
– Des mots composés qui doivent être réécrits de façon à ne constituer qu'un seul mot [80]

Il faut également noter que les pages web récupérées contiennent des informations redondantes. Cette redondance à une influence sur la qualité du modèle de langage. Il serait donc nécessaire de mettre au point des filtres permettant d'éliminer cette répétition.

33

2.9 Conclusion

Nous avons présenté et décrit dans ce chapitre un outil de construction de corpus de la langue Arabe à partir du Web. Par interrogation automatique de Google, notre outil donne une liste d'URL, récupère leurs pages correspondantes et extrait le texte contenu dans ces dernières. Cette phase étant achevée, il reste à effectuer les prétraitements nécessaires afin de préparer le corpus pour la deuxième phase qui consiste à calculer des modèles de langage statistiques. Une comparaison des modèles de langage, calculés sur des données extraites du web, et ceux calculés sur des données journalistiques constituera une prochaine phase qui malheureusement à défaut de temps n'a pu être réalisé.

Chapitre 3

Modélisation statistique de la langue Arabe

3.1   Introduction

Ces dernières années sont les témoins de l'explosion de la quantité d'information mise à la disposition de l'humain. Cette information se présente sous plusieurs formes dans lesquelles le langage naturel joue un rôle privilégié. Ces données sont stockées dans des bases grandissantes telles que le World Wide Web dont la taille, le taux de croissance et le manque de structure empêche l'être humain de consulter l'ensemble des documents afin d'en extraire l'information recherchée. Ceci a motivé le développement de techniques permettant le traitement automatique de l'information stockée et aux machines de communiquer au moyen du langage naturel.

Un grand nombre d'applications de traitement automatique du langage naturel (TALN) ont été développées parmi lesquelles nous citons : la traduction automatique, la reconnaissance de la parole, de l'écriture, etc. La complexité du langage naturel est telle que leur problématique est toujours d'actualité. On peut citer deux grandes approches de TALN :

 – L'approche linguistique.
 – L'approche statistique.

Toutes deux ont pour but de modéliser la langue.

Pour l'approche linguistique, un modèle de langage s'exprime le plus souvent sous forme de règles qui régissent les possibilités d'association des mots entre eux selon leurs catégories lexicales et permettent de modéliser la structure d'une phrase donnée.

Pour l'approche statistique, dont il sera principalement question dans cette étude, un modèle de langage doit avoir la capacité de s'élaborer lui-même avec un minimum d'aide extérieure, en construisant sa propre représentation, afin de résoudre de manière optimale le problème auquel il fait face [75]. L'entraînement sur un grand nombre d'exemples devrait lui permettre de dégager des régularités statistiques reflétant bien les mécanismes et régularités du langage.

3.2   Modèles statistiques du langage : Définition

Les modèles de langage ont pour but de capter les régularités de la langue. Ils sont construits à partir de grands corpus dits d'apprentissage composés par des données exprimées dans la langue étudiée : Des connaissances sur cette dernière sont extraites de ces corpus de données et sont représentées sous forme de fréquences de suites de mots. Un modèle de langage statistique évalue la probabilité $P(w_1^n)$ d'une suite de mots $w_1, w_2, ..., w_n$ [64] qui est égale au produit des probabilités des suites de mots qui la composent :

$$P(w_1^n) = \prod_{i=1}^{n} P(w_i|w_1, w_2, ..., w_{i-1}) \qquad (3.1)$$

Où $P(w_i|w_1, w_2, ..., w_{i-1})$ est la probabilité d'occurence du mot w_i sachant son historique $h = w_1, w_2, ..., w_{i-1}$.

Plus formellement, un modèle de langage peut être définit par un triplet (C, V, P) où C désigne le corpus d'apprentissage, V une liste de mots constituant le vocabulaire de l'application et P une distribution de probabilités conditionnelles [35]. Les mots n'appartenant pas au vocabulaire V sont considérés comme mot inconnu et sont tous ramenés à une même entité appelée UNK.

En pratique, une estimation fiable des valeurs des probabilités conditionnelles de mots $P(w_i|w_1, w_2, ..., w_{i-1})$ est impossible, notamment dans le cas où la suite de mots $w_1, w_2, ..., w_i$ n'est pas apparue dans le corpus d'apprentissage (probabilité nulle), ou n'y est apparue que très rarement (probabilité non fiable). De plus le nombre de valeurs de probabilités à estimer devient vite gigantesque. Par exemple pour une valeur de l'historique relativement petite (typiquement 3) et un vocabulaire de taille $|V| = 25000$ mots, le nombre de probabilités à estimer atteint une valeur astronomique : $|V|^n = 25000^3 \approx 15 \times 10^{12}$. Nous pouvons alors imaginer le coût de calcul de ces probabilités, leur coût de stockage et le coût pour retrouver une valeur ! Pour cela, la taille de l'historique pris en compte pour estimer la probabilité de w_i doit être réduite.

3.3 Quelques modèles de langage

3.3.1 Modèles n-grammes

Les modèles de langage n-grammes sont les modèles les plus utilisés. Dans ce type de modèles, un historique constitué uniquement des $(n-1)$ derniers mots est pris en considération pour l'évaluation de la probabilité d'un mot. Deux historiques composés des mêmes $(n-1)$ derniers mots sont considérés comme équivalents. On parle alors de modèles bigrammes si $n = 2$, trigrammes si $n = 3$ et unigrammes quand $n = 1$. Ce sont les valeurs les plus utilisées en pratique. Le problème pour des valeurs de n plus grandes est que les historiques correspondants du corpus d'apprentissage deviennent rares. Les probabilités conditionnelles calculées ont alors une faible validité statistique [80].

Soit $w_1^n = (w_1, w_2, ..., w_n)$ une suite de mots. Dans un modèle n-grammes (ou encore modèle d'ordre n), la probabilité de w_1^n est approximée par :

$$P(w_1^n) = \prod_{i=1}^{n} P(w_i|w_{i-n+1}, ..., w_{i-1}) \tag{3.2}$$

La probabilité d'occurences d'un mot w_i sachant son historique $w_{i-n+1}, ..., w_{i-1}$ est calculée comme suit :

$$P(w_i|w_{i-n+1}, ..., w_{i-1}) = \frac{N(w_{i-n+1}...w_{i-1}, w_i)}{\sum_{v \in V} N(w_{i-n+1}...w_{i-1}, w_v)} \qquad (3.3)$$

Où $N(.)$ est le nombre d'occurrences de la suite de mots en argument dans le corpus d'apprentissage et V dénote le vocabulaire.

3.3.2 Variantes des modèles n-grammes

Modèles n-grammes distants

Un modèle n-grammes distant cherche à capturer directement la dépendance qui existe entre le mot courant et la suite des $(n-1)$ mots se trouvant à une certaine distance d dans l'historique. La distribution de probabilités sur les événements est définie par :

$$P(w_i|w_1 w_2 ... w_{i-1}) = P_d(w_i|w_{i-n+1-d}...w_{i-1-d}) \qquad (3.4)$$

Les probabilités P_d sont estimées, comme pour un modèle n-grammes, comme suit :

$$P_d(w_i|w_{i-n+1-d}...w_{i-1-d}) = \frac{N_d(w_{i-n+1-d}...w_{i-1-d}, w_i)}{N(w_{i-n+1-d}...w_{i-1-d})} \qquad (3.5)$$

Où $N_d(w_{i-n+1-d}...w_{i-1-d}, w_i)$ est le nombre de fois que le mot w_i suit la suite de mots $w_{i-n+1-d}...w_{i-1-d}$ dans le corpus d'apprentissage, d mots les séparant.

Un modèle de langage distant ne peut pas fonctionner à lui seul comme un modèle de langage à part entière [35]. A cause de la distance entre l'historique et le mot à prédire, ces modèles sont moins performants que les modèles n-grammes classiques. Ils sont plus efficaces quand ils sont combinés avec ces derniers [15]. Le modèle général sera défini comme suit :

$$P(w_i|h) = \lambda P_D(w_i|h_d) + \gamma P_B(w_i|h) \qquad (3.6)$$

Où P_D représente la probabilité du modèle distant, P_B la probabilité fournie par un modèle basique quelconque, et λ et γ désignent des coefficients d'interpolation.

Modèles cache et triggers

Le modèle cache se fonde sur le fait que les mots existants dans l'historique ont plus de chance de réapparaître. Le principe sous-jacent consiste à prendre en compte les fréquences de mots dans l'historique afin de prédire plus précisément ces derniers. Si on se limite à un historique de M mots, la probabilité du mot w_i sachant un historique $h_M = w_{i-M}..., w_{i-1}$ fournie par le modèle cache est estimée par :

$$P_{cache}(w_i|h_M) = \frac{1}{M} \sum_{m-1}^{M} \delta(w_i, w_{i-m}) \tag{3.7}$$

avec $\delta(x, y) = 1$ si et seulement si $x = y$.

Le modèle cache n'est pas utilisé seul. Il est généralement combiné avec un modèle n-grammes. Les expériences montrent une amélioration pouvant aller jusqu'à 10% de la perplexité [15] par l'utilisation du modèle cache [35]. La taille optimale du cache peut varier entre 10 et 1000, sachant que les améliorations sont peu significatives au-delà de 250.

Dans le cas du modèle triggers, on se fonde sur les couples de mots qui ont une forte corrélation entre eux. Par conséquent, l'apparition du premier mot w_i d'un de ces couples (w_i, w_j) augmente la prédiction du deuxième mot w_j. Ces couples de mots fortement corrélés sont trouvés automatiquement à partir d'un corpus d'apprentissage en se fondant sur une mesure telle que l'information mutuelle.

La vraisemblance triggers d'un mot sachant un historique est estimée comme suit [35] :

$$P_{triggers}(w_i|h) = \frac{1}{M} \sum_{m-1}^{M} \alpha(w_i, w_{i-m}) \tag{3.8}$$

Où

$$\alpha(x, y) = \frac{q(x|y)}{\sum_{y \to x_i} q(x_i|y)} \tag{3.9}$$

ET

$$q(x|y) = \frac{N(y|x)}{N(y, x) + N(y, \bar{x})} \tag{3.10}$$

$N(y|x)$ est le nombre de fois que y se retrouve dans l'historique de x. $N(y, \bar{x})$ désigne le nombre de fois où x ne suit pas un historique contenant y.

Comme pour le modèle cache, le modèle triggers s'utilise combiné à un modèle de base, le plus souvent à un trigramme et à un cache.

Autres variantes

Il existe de nombreuses autres variantes des modèles n-grammes. Le modèle permugrammes fonctionne sur la base d'une inetrpolation linéaire de plusieurs niveaux de modèles n-grammes, en intégrant des variations dans l'ordre des mots de l'historique et cela pour prendre en compte la variabilité dans l'ordre des mots au sein du langage. Le modèle x-gramme se fonde sur la

---

15. La perplexité mesure la qualité d'un modèle de langage. voir section 3.5 pour plus de détails

constatation que certains mots ne sont pas trés utiles pour la prédiction des mots suivants. Le principe est alors d'extraire dans l'historique de taille $(n-1)$, des mots jugés pertinents qui seront employés pour la prédiction [75]

3.3.3 Modèles n-classes

Dans ce type de modèles, les mots du vocabulaire sont regroupés dans un ensemble de classes. Le nombre de classes étant largement inférieur au nombre de mots du vocabulaire, ceci réduit considérablement le nombre de combinaisons de suites de classes. A l'apprentissage, une plus grande proportion de suites de classes sera probablement rencontrée.

Dans un modèle n-classes, la probabilité d'apparition d'un mot w_i à la suite d'un historique dépend de la classe $C(w_i)$ à laquelle appartient ce mot, et de la probabilité d'apparition de cette classe consécutivement à l'historique de classes (correspondant à l'historique de mots).

Dans le cas où le mot ne peut appartenir qu'à une seule classe, la probabilité d'un mot sachant ses $(n-1)$ précédents est définie comme suit :

$$P(w_i|w_{i-n+1}, ..., w_{i-1}) = P(w_i|C(w_i))P(C(w_i)|C(w_{i-n+1}), ..., C(w_{i-1})) \qquad (3.11)$$

La probabilité d'appartenance d'un mot à une classe $P(w_i|C(w_i))$ est calculée comme suit :

$$P(w_i|C(w_i)) = \frac{N(w_i)}{N(C(w_i))} \qquad (3.12)$$

Où $N(.)$ est le nombre d'occurrences de l'argument dans le corpus d'apprentissage.

La classification des mots peut être manuelle ou automatique [37]. La classification manuelle repose sur des connaissances linguistiques et/ou sur des connaissances du domaine d'application. Par exemple, regrouper les mots en classes syntaxiques : article, nom, verbe,etc.

Dans le cas de la classification automatique, des critères statistiques sont utilisés pour regrouper les mots. Plusieurs algorithmes permettant de rassembler les mots d'un corpus suivant un critère d'optimisation, ont été proposés. Les critères d'optimisation les plus utilisés sont le maximum de vraisemblance et l'information mutuelle entre les classes adjacentes.

Les modèles n-classes, contrairement aux modèles n-grammes, permettent de généraliser les historiques. De plus, il est possible d'augmenter la taille de l'historique du fait que le nombre de classes n'est que de quelques centaines [49].

3.3.4 Variantes des modèles n-classes

Modèle POS

Les modèles POS (pour **Part Of Speech**) ont été introduits pour les langages fortement flexionnels tels que le Français, l'Allemand et l'Italien. Ils sont inspirés de la connaissance morpho-syntaxique [16]. A différents instants, un mot donné peut appartenir à différentes classes. Mais, à un instant donné, un mot ne peut appartenir qu'à une seule classe qui est fonction de son contexte.

En pratique, cette tâche n'est pas facile. Donc, pour estimer la probabilité d'un mot dans son contexte, le modèle POS calcule la somme des probabilités n-classes sur toutes les classes associées à ce mot. Un modèle POS trigramme est défini comme suit :

$$P(w_i|g_{i-2}, g_{i-1}) = \sum_{g_i \in G_{w_i}} P(g_i|g_{i-2}, g_{i-1}) \tag{3.13}$$

Où $g(w_i) = g_i$ est la classe POS du mot w_i au temps i et G_{w_i} est l'ensemble des classes associées au mot w_i.

$P(w_i|g_i)$ est la probabilité d'appartenance du mot w_i à la classe g_i et $P(g_i|g_{i-2}, g_{i-1})$ est la probabilité de la suite de classes.

Les modèles n-grammes, n-grammes distants et n-classes et ses variantes sont dits modèles à historique court . Les modèles cache et triggers, de par leur définition, prennent en compte un historique plus large. Nous présentons dans la section suivante les modèles à base de séquence qui font partie des modèles à historique de taille variable.

3.3.5 Modèles à base de séquences

Dans la langue, certains mots adjacents sont fortement corrélés et apparaissent très souvent ensemble. On peut par exemple citer la suite de mots *président de la république* ou bien la suite *pommes de terre*. De telles suites constituent donc, des unités à part entière du vocabulaire. Plusieurs modèles se fondant sur cette idée ont été proposés (Deligne en 96, Zitouni et al en 2000). Leur but est d'extraire les séquences qui méritent vraiment d'être considérées comme des unités de la langue, pour les introduire par la suite dans le vocabulaire. Ainsi, l'unité de base dans la prédiction n'est plus le mot, mais plutôt la séquence.

41

3.4   La nécessité du lissage

Le problème qu'on rencontre en modélisation du langage est le manque de données : on ne peut jamais avoir assez de données pour estimer de manière fiable tous les paramètres d'un modèle.

Aussi, un modèle de langage statistique reposant uniquement sur l'estimation par maximum de vraisemblance ne produira qu'un estimateur fortement bruité et ne couvrant pas adéquatement l'espace de probabilité (estimant donc nulle la probabilité de nombreux événements plausibles)[38].

Le lissage est l'opération permettant d'ajuster l'estimation au maximum de vraisemblance des probabilités afin d'obtenir des mesures de probabilités plus précises. Ces techniques permettent en général de modifier les probabilités soit de certains événements ou de tous les événements.

Les techniques de lissage ont comme principe d'altérer les probabilités initiales calculées par un simple comptage normalisé des occurrences des événements [35]. Cette altération est plus que nécessaire, sinon certains événements non rencontrés en phase d'apprentissage se verront affecter une probabilité nulle. Cela condamnerait à jamais en phase de test une phrase dont un de ses composants a été absent de l'apprentissage.

3.4.1   La méthode de Good Turing

La méthode de Good Turing [39] [53] est un estimateur qui corrige la fréquence r d'un événement. Cette méthode est généralement combinée avec d'autres. La nouvelle fréquence est calculée par la formule suivante :

$$r^* = (r+1)\frac{n_{r+1}}{n_r} \tag{3.14}$$

Où n_r est le nombre d'événements apparaissant exactement r fois dans le corpus d'apprentissage.

La probabilité d'un événement d'occurrence r est donnée par :

$$P(w_i|h) = \frac{r^*}{N} \tag{3.15}$$

Avec

$$N = \sum_r n_r r^* \tag{3.16}$$

3.4.2 Méthode de Katz

Katz utilise la formule de Good Turing pour pouvoir modéliser les évenements qui n'ont pas été rencontrés lors de la phase d'apprentissage. Pour cela il utilise une méthode dite de repli sur des modèles n-grammes d'ordre inférieur [39].

La probabilité d'un mot sachant un historique h se calcule comme suit :

$$P(w_i|h) = \begin{cases} \frac{n(h,w_i)}{n(h)} & si & n(h,w_i) > k \\ d_r \frac{n(h,w_i)}{n(h)} & si & 0 < n(h,w_i) \leq k \\ \alpha(h)P(w_i|h^{-1}) & sinon \end{cases} \tag{3.17}$$

α est un coefficient appelé poids back-off qui dépend de la fréquence de h et se calcule de manière à ce que la somme des probabilités soit égale à 1. d_r est le coefficient de réduction dont la valeur est en général inférieure à 1. k est une constante entière que Katz propose égale à 5. $n(h,w_i)$ est le nombre d'observations de l'évenement (h,w_i). de la même façon, $n(h)$ correspond au nombre d'occurences de l'historique h. h^{-1} correspond à l'historique réduit du repli.

3.4.3 Réduction linéaire (Linear discounting)

Dans cette technique [60], une constante α est soustraite à tout événement de fréquence non nulle. Le coefficient de réduction est calculé comme suit :

$$d_r = 1 - \alpha \tag{3.18}$$

Une solution possible de α [60] serait :

$$\alpha = \frac{n_1}{N} \tag{3.19}$$

où n_1 dénote le nombre de mots occurant une seule fois et N est le nombre d'évènements unigrammes.

Dans ce cas la probabilité donnée aux événements non rencontrés est identique à celle affectée par le lissage de Good Turing.

3.4.4 Méthode de Witten-Bell

Cette méthode de lissage [77] a été développée dans le contexte de la compression de texte [72]. Le coefficient de réduction ne dépend pas du nombre d'occurrence d'un événement mais plutôt du nombre t d'événements distincts suivants un contexte particulier. En prenant l'exemple d'un bigramme (AB), t sera le nombre de bigrammes distincts de la forme $(A*)$ apparaissant dans le corpus d'apprentissage. Placeway et al.[65] furent les premiers à utiliser cette technique en modélisation du langage. Ils ont pris :

$$d_r(t) = \frac{N}{N + t} \tag{3.20}$$

N étant le nombre de mots constituant le corpus d'apprentissage.

Pour une liste exhaustive des méthodes de lissage et une présentation de leurs performances expérimentales, on pourra se référer à l'article de Chen et Goodman [72]

3.5 Evaluation d'un modèle de langage

Un modèle statistique de langage est développé dans le cadre d'une application donnée. La meilleure façon d'évaluer ces performances est de le tester en l'intégrant dans un système réel. Mais pour des raisons de difficulté de mise en oeuvre, il est souvent évalué en utilisant des techniques issues de la théorie de l'information telles que l'entropie ou la perplexité. En supposant qu'un langage est une source d'information émettant une séquence de symboles w à partir d'un vocabulaire V, il est caractérisé par son entropie H définie comme la quantité d'information non redondante transmise par mot en moyenne, pour un certain langage L en question. L'entropie $H(X)$ de la variable aléatoire X est donnée par :

$$H(X) = - \sum_{x \in X} P(x) \log(P(x)) \tag{3.21}$$

En modélisation du langage, x peut être assimilé à un mot ou à des unités plus longues, et X sera la source émettrice d'information.

Pour un langage L décrit par une distribution $P_L(X)$ et pour un modèle M, l'entropie croisée est définie par :

$$H(P_L, P_M) = - \sum_{x \in X} P_L(x) \log(P_M(x)) \tag{3.22}$$

Cette entropie croisée désigne l'entropie de L perçue par le modèle M. Lorsque le corpus de test T est suffisamment grand, la formule 3.22 peut être approchée par :

$$H_M = -\frac{1}{N} \sum_{x} \log_2(P_M(x)) \tag{3.23}$$

Où N désigne le nombre de mots du corpus de test T. Cette valeur est interprétée comme le nombre moyen de bits nécessaires au codage de chacun des mots de T en utilisant le modèle M. Plus ce nombre est faible, plus le modèle est performant.

L'autre mesure est la perplexité PP. Elle est dérivée de l'entropie croisée. Elle est définie comme l'inverse de la moyenne géométrique des probabilités affectées aux mots du corpus de test. Elle est liée à l'entropie croisée par la formule 3.24 [33] :

$$PP_M(T) = 2^{H_M} \tag{3.24}$$

La perplexité mesure la qualité du modèle en tant qu'entité autonome. Elle rend compte du pouvoir prédictif du modèle. En d'autres termes, elle représente le nombre de mots parmi lesquels il faudra choisir le mot à prédire.

Bien que de nouvelles mesures aient été proposées [22], l'entropie et la perplexité restent les mesures les plus utilisées en modélisation statistique du langage.

3.6 Combinaison de modèles de langage

Nous avons vu que les modèles de langage sont souvent combinés pour obtenir un modèle plus performant. Cette combinaison revient à moyenner les probabilités provenant des différents modèles. Il existe différentes méthodes de combinaison. Nous exposons ci dessous le principe des deux méthodes les plus classiques : la combinaison linéaire et la combinaison par repli.

3.6.1 La combinaison linéaire

La combinaison linéaire est le modèle de combinaison le plus simple et le plus utilisé. Il consiste simplement à combiner les modèles en pondérant chacun d'eux.

Soient k modèles de langage à combiner, respectivement définis par les distributions de probabilités P_i, $1 \leq i \leq k$. Le modèle de langage résultant de la combinaison est calculé comme suit :

$$P(w|h) = \sum_{i=1}^{k} \lambda_i P_i(w|h) \tag{3.25}$$

Où les λ_i sont les paramètres de la combinaison, compris entre 0 et 1 et tels que $\sum_{i=1}^{k} \lambda_i = 1$.

3.6.2 La combinaison par repli

Cette combinaison permet de faire appel à un modèle de langage d'ordre inférieur pour pallier le manque de données du modèle principal. On peut faire ainsi appel à un modèle bigrammes quand le trigramme dont on veut estimer la probabilité n'a pas été rencontré dans le corpus d'apprentissage. On peut dire ainsi que l'on "complète" les lacunes d'un modèle par un autre. Cet autre modèle est moins performant, mais il est moins sujet au manque de données.

3.7 Modèles statistiques de l'Arabe : un état de l'art

L'utilisation des modèles de langage statistiques dans le traitement automatique de la langue Arabe (TALA) est récente. Nous décrivons dans cette section quelques travaux de recherche qui s'inscrivent dans cette discipline. Le premier travail que nous présentons s'intéresse à la reconnaissance de la parole Arabe. Katrin Kirchhoff dans [45] soulève les problèmes qui peuvent être engendrés en modélisation statistique des langues à morphologie complexe : taux de mots hors vocabulaire très important et des valeurs de perplexités très élevées. Elle précise que spécialement pour l'Arabe, ce problème s'accroît par la variation des dialectes et des différences entre le langage écrit et le langage parlé. En plus cette différence fait obstacle à la collecte de grandes masses de données. Ce travail décrit donc des modèles de la langue Arabe basé morphologie exploitant adéquatement des données peu volumineuses et offrant un potentiel de données partagées entre différents dialectes. Tous ces modèles se basent sur une décomposition des mots en plusieurs composants morphologiques à savoir :

- Une décomposition linéaire standard en morphèmes ou particules qui a été déjà utilisée pour d'autres langages.
- Une nouvelle décomposition dite parallèle donnant naissance à des modèles de langage factorisés.

La dernière méthode de décomposition fournie une meilleure estimation des probabilités des n-grammes de mots en utilisant une procédure de Backoff qui utilise des traits de mots tels que des étiquettes morphologiques. Selon les auteurs, ceci est particulièrement intéressant pour la langue Arabe et d'autres langues morphologiquement riches. Elle peut être également utilisée comme une technique permettant l'incorporation de nouvelles sources d'information pour la modélisation statistique du langage.

Le problème d'absence de voyelles ne se pose pas dans ce travail. Les auteurs ont utilisés pour leurs expérimentations un corpus transcrit totalement voyéllé.

Dans le même ordre d'idée, Ghinwa Choueiter dans [20] propose de calculer des modèles de langage à base de morphèmes sur des corpus de texte en MSA (Modern Standard Arabic). Chaque mot est segmenté en préfixes (zéro ou plus), stem et suffixes (zéro ou plus). Par exemple :

$$w_1 w_2 w_3 \rightarrow m_1^1 m_1^2 ... m_1^i m_2^1 m_2^2 ... m_2^j m_3^1 m_3^2 ... m_3^k$$

Où les m_i correspondent aux différentes unités de morphèmes (préfixes, stems ou suffixes) relatives aux mots w_i.

Elle calcule ainsi un modèle 7-grammes de morphèmes et un autre modèle 3-grammes de mots dans le but de comparer leurs performances. L'auteur reporte que pour un vocabulaire de taille moyenne (<64k) mots, une amélioration de 2.4 % du taux d'erreur mot (WER) est observée en utilisant le modèle à base de morphème. Une réduction en nombre de mots hors vocabulaire est également remarquée (10.8 % pour les modèles à base de mots et 3.6 % seulement, pour les modèles à base de morphèmes). Elle reporte également que la plupart des mots hors vocabulaire sont soit des mots étrangers, des noms propres ou des transcriptions erronées.

Nous terminons par l'expérience d'A. Ghaoui qui propose de calculer des modèles de langage statistique à base de classes morphologiques [31]. Il propose une approche particulière où des règles morphologiques sont utilisées pour la définition des classes. Ces règles d'analyse empiriquement définies, sont utilisées sous la forme d'un transducteur d'analyse. Le modèle obtenu est le suivant :

$$P_r(w_n | w_{n-1}, ..., w_{n-N+1}) = P_r(g_n | T(r_n)) P(r_n | r_{n-1}, ... r_{n-N+1}) \qquad (3.26)$$

Où w_i est le ième mot du vocabulaire, r_i la racine de ce mot, g_i la règle morphologique qui permet la dérivation du mot w_i et T représente le type de la racine.

Ce modèle est calculé sur les données de la base Al-Nahar. Le logiciel SRILM a été modifié pour intégrer le modèle dans sa forme la plus simplifiée en se limitant à deux types de racines : verbe et non-verbe. L'évaluation des deux modèles en terme de perplexité a montré que le modèle à base de classes morphologiques est moins performant qu'un modèle trigrammes classique (893.127 et 376.237 respectivement). Par contre, le modèle à base de classes morphologiques donne un meilleur taux de mots hors vocabulaire (16.4 % contre 17%).

47

3.8 Modélisation statistique de l'Arabe : notre expérience

Toutes les précédentes parties de ce chapitre nous ont permis de présenter en détails la modélisation statistique du langage. Elles constituent en fait une introduction aux notions et modèles utilisés dans la suite de ce chapitre consacrée à la modélisation statistique de la langue Arabe.

3.8.1 Modèles n-grammes de la langue Arabe

Nous reportons, dans cette partie, les résultats des expérimentations que nous avons menées pour la langue Arabe[56] [55]. L'objectif étant d'étudier son adéquation à être modélisé par des n-grammes classiques. Nous avons donc développé des modèles n-grammes d'ordres 2, 3 et 4 en utilisant le CMU-Toolkit [21]. Plusieurs mots de la langue Arabe respectent une topologie morphologique précise. Pour prendre en compte cette spécificité, nous avons menés plusieurs expérimentations pour trouver le meilleur type de modèles de langage. Nous montrerons dans la suite que les meilleurs résultats sont ceux pour lesquels l'apprentissage a été effectué sur des corpus où chaque mot a été segmenté partiellement en ses formes infra-lexicales.

Les corpus

Nous avons vu qu'un modèle de langage est défini par un triplet incluant un vocabulaire et un corpus. Nous avons utilisé pour ces expérimentations un vocabulaire de 2000 mots qui représentent les formes graphiques les plus fréquentes du corpus d'apprentissage incluant le mot virtuel inconnu noté UNK. Comme nous l'avons déjà mentionné, ce mot (UNK) est utilisé pour remplacer tous les mots des corpus ne faisant pas partie du vocabulaire. Dans les traitements, il a le même statut que les autres mots. L'UNK peut fausser l'interprétation des résultats à cause de son occurrence. Il peut donc agir en faveur d'un meilleur modèle de langage au sens de la perplexité si le vocabulaire a une couverture faible. Il est donc souhaitable de toujours calculer la perplexité sans UNK. Dans ce cas, le mot inconnu est pris en compte dans l'historique mais pas en prédiction.

Les corpus d'apprentissage et de test sont extraits du quotidien Algérien " Al-khabar " écrit en MSA (Modern Standard Arabic). Le corpus qui a servi à l'appentissage est constitué de $80k$ mots. Généralment, la taille du corpus de test varie entre 5 et 20 % du corpus d'apprentissage [35]. Pour l'évaluation de nos modèles, nous avons utilisé $5k$ mots, ce qui est l'équivalent de 6 % du corpus d'apprentissage.

Différentes méthodes de lissage ont été utilisées : linéaire, Good Turing et Witten Bell.

Dans tous les résultats présentés ci-dessous, les modèles sont évalués en termes de perplexité

(P) et d'entropie (E).

Modèles de langage appris sur des corpus bruts

Le premier modèle développé est calculé à partir de n-grammes en ne procédant à aucun prétraitement des textes. Des modèles d'ordre 2, 3 et 4 ont été ainsi appris. Les tableaux (3.1) et (3.2) donnent les valeurs de perplexité obtenues avec et sans UNKs. Le pourcentage de mots hors vocabulaire est de 30.19%.

n	Good-turing		Witten-bell		Linear	
	Perplexité	Entropie	Perplexité	Entropie	Perplexité	Entropie
2	289.10	8.18	267.86	8.07	309.29	8.27
3	292.36	8.19	278.87	8.12	321.50	8.33
4	307.51	8.26	311.97	8.29	335.14	8.39

TABLE 3.1 – Perplexité des modèles d'ordre 2, 3 et 4 calculées sans UNKs

n	Good-turing		Witten-bell		Linear	
	Perplexité	Entropie	Perplexité	Entropie	Perplexité	Entropie
2	76.66	6.26	76.03	6.25	82.92	6.37
3	81.55	6.35	81.18	6.35	92.09	6.52
4	88.07	6.46	89.25	6.48	97.67	6.61

TABLE 3.2 – Perplexité des modèles d'ordre 2, 3 et 4 calculées avec UNKs

En effet, plus le corpus contient d'UNK, plus la probabilité de ce mot fictif est grande, ce qui conduit à une perplexité moindre (tableau 3.2). Il est à noter également que les valeurs de perplexité sans UNK (tableau 3.1) sont très élevées et qu'elles augmentent selon l'ordre n du modèle. Ceci est principalement dû à la faible taille du corpus d'apprentissage.

Ainsi, pour faire face à ce problème de manque de données, nous proposons certains prétraitements permettant d'augmenter la fréquence des unités de base et en conséquence réduire le pourcentage de mots or vocabulaire.

Modèles de langage appris sur des corpus de morphèmes

Les langues à morphologie riche telles que l'Arabe produisent tant de représentations de la même racine. Ceci les rend fortement flexionnelles et par conséquent la perplexité pourrait être importante (voir le tableau 3.1).

Un mot arabe est constitué d'une séquence de morphèmes selon le schéma préfixes*-radical-suffixes* (* désigne zéro ou plusieurs occurrences de morphèmes) [6] [78]. Nous définissons un modèle de n-morphèmes comme un modèle de n-grammes de morphèmes. Dans ce cas-ci le corpus est réécrit en termes de morphèmes plutôt que de mots.

Pour améliorer les performances des modèles n-grammes, nous avons donc décidé de procéder à un premier prétraitement qui consiste à segmenter partiellement les mots constituants les corpus d'apprentissage et de test, et de calculer ainsi des modèles à base de morphèmes plutôt que de mots.

Par segmentation partielle nous entendons séparer le(s) préfixe(s) du reste du mot. Des exemples de mots arabes et leurs segmentations sont donnés dans la table 3.3. A cet effet, nous avons développé un outil capable d'élaborer cette segmentation. Cet outil est semi-automatique : Quand un mot est rencontré pour la première fois, et s'il commence par l'un des préfixes candidats, il est proposé à l'utilisateur qui décide de le segmenter ou non. Cette décision est sauvegardée pour être utilisée lors d'une prochaine apparition du mot. La table 3.4 liste l'ensemble des préfixes auxquels nous nous sommes intéressés.

Reste du mot	préfixes	Mot
ولَايَات	الـ	الولَايَات
يقوم	ولـ	وليقوم
ولد		ولد

TABLE 3.3 – Exemples de mots arabes et leur segmentation.

Prefixes			
"w" و	and	"l" لـ	to
"k" كـ	like	"b" بـ	with
"f" فـ	then	"Al" الـ	the

TABLE 3.4 – Préfixes considérés

Le deuxième prétraitement concerne les noms de villes composés tels que : سوق آهرَاس Ces noms doivent être considérés comme des entités du vocabulaire à part entière [79] [80] [5]. Pour cela, tous les noms de villes composés ont été modifiés de façon à ne former qu'un seul mot : سوق_آهرَاس. Ainsi, nous obtenons un corpus d'apprentissage de $110k$ mots et $7k$ mots pour le test. Les valeurs de perplexité non normalisée des modèles calculés sur de tels corpus sont données dans les tableaux 3.5 et 3.6. Le taux de mots hors vocabulaire est de 15.92%.

Remarquons que les résultats obtenus avec les modèles trigrammes et 4-grammes sont meilleurs que ceux obtenus avec des bigrammes. Ceci est dû au fait que la segmentation fait que le corpus devienne statistiquement viable. En effet, la décomposition diminue la variété des bigrammes mais augmente celle des n-grammes d'ordre supérieur.

n	Good-turing		Witten-bell		Linear	
	Perplexité	Entropie	Perplexité	Entropie	Perplexité	Entropie
2	87.89	6.46	86.44	6.43	94.25	6.56
3	68.42	6.10	65.44	6.03	75.50	6.24
4	69.82	6.13	66.70	6.06	76.08	6.25

TABLE 3.5 – Perplexité(sans UNKs)des modèles appris sur des corpus partiellement segmentés

n	Good-turing		Witten-bell		Linear	
	Perplexité	Entropie	Perplexité	Entropie	Perplexité	Entropie
2	57.63	5.85	57.66	5.85	61.91	5.95
3	47.27	5.56	46.17	5.53	52.81	5.72
4	48.72	5.61	47.11	5.56	53.96	5.75

TABLE 3.6 – Perplexité(avec UNKs)des modèles appris sur des corpus partiellement segmentés

Il est clair que la décomposition des mots modifie le nombre d'items constituants les corpus initiaux. Pour pouvoir comparer les résultats obtenus dans les deux expérimentations, la perplexité doit être normalisée [29] comme suit :

$$PP_n = 2^{\frac{n_1}{n_2} log_2(PP)} \qquad (3.27)$$

Où n_1 et n_2 correspondent à la taille du corpus initial et à celle du corpus réécrit respectivement. Les valeurs de perplexité ainsi calculées sont données dans la table 3.7.

n	Good-turing	Witten-bell	Linear
2	173.52	170.18	188.05
3	130.05	123.55	145.61
4	133.06	126.23	146.93

TABLE 3.7 – Valeurs de perplexité normalisées calculées sans UNKs

Ces résultats montrent une amélioration de 55.7% en termes de perplexité pour un trigramme utilisant le lissage de Witten Bell. Ainsi nous pouvons affirmer que la segmentation du texte est une étape indispensable dans la modélisation de la langue Arabe et ce quelque soit la technique de lissage utilisée.

3.8.2   Influence des données sur la qualité des modèles de langage

Nous nous intéressons dans cette partie à l'étude de l'influence de la nature des corpus utilisés sur la qualité de modèles statistiques du langage. A cet effet, plusieurs modèles de langage ont été calculés et testés sur deux types de corpus : Le premier corpus (Corp1) est un recueil d'articles d'informations locales du quotidien Algérien Al-khabar utilisé dans les expérimentations précédentes. Le second (Corp2) est extrait à partir du CAC corpus compilé par Latifa Al-Sulaiti dans le cadre de sa thèse [3]. Les textes constituant ce corpus ont été rassemblés de trois sources principales : magasines, journaux et sites Web. Afin de pouvoir comparer les performances des modèles ainsi calculés, nous avons dû prendre des corpus (Corp1 et Corp2) de même taille. Nous avons donc utilisé approximativement $150k$ mots pour l'apprentissage et $9k$ mots pour le test. Les vocabulaires employés sont également de tailles identiques. Ils sont constitués des 2500 mots (incluant le mot virtuel inconnu noté UNK) les plus fréquents composant chacun des deux corpus d'apprentissage. Le lissage de Witten-Bell est appliqué pour tous les modèles. Les résultats d'évaluation de ces derniers en termes de perplexité et d'entropie sont donnés dans le tableau 3.8.

Corpus	2-grams		3-grams		4-grams	
	Perplexité	Entropie	Perplexité	Entropie	Perplexité	Entropie
Corp1	279.35	8.13	286.29	8.16	317.40	8.31
Corp2	333.99	8.38	351.27	8.46	387.41	8.60

TABLE 3.8 – Evaluation des modèles n-grammes calculés sur deux corpus de nature différente

Discussion

Avec le corpus Corp1, nous obtenons des valeurs de perplexité trés réduites par rapport à celles obtenues avec le corpus Corp2. En terme de couverture du vocabulaire, nous avons une couverture de 0.67 et 0.58 pour les vocabulaires extraits de Corp1 et Corp2 respectivement. La couverture du vocabulaire permet de déterminer son adéquation au corpus en donnant une idée sur le nombre de mots inconnus par rapport au vocabulaire [35]. Plus la couverture est faible, moins le vocabulaire est adapté et donc plus le nombre de mots hors vocabulaire est important. Effectivement, le taux de mots hors vocabulaire est de 27.53 pour le premier corpus (Corp1) alors qu'il approche les 41%(40.79) pour le second. Ceci est principalement dû à la nature de ces deux corpus. Ces valeurs de perplexité montrent donc qu'un modèle de langage construit sur un corpus de faible homogénéité est moins performant qu'un modèle calculé sur un corpus de forte homogénéité. Nous pouvons donc déduire de ces résultats que la nature du corpus d'apprentissage est un facteur qui affecte la performance des modèles de langage.

3.8.3 Modèles n-grammes distants

Quelque soit la langue étudiée, un mot n'est pas uniquement en relation avec ses voisins immédiats, mais aussi avec des mots distants. Pour les modèles n-grammes, la modélisation se réduit à une simple relation entre le mot à prédire et son historique en entier. Considérons les deux phrases suivantes :

الوردة التي اهديتني ذَابلة

[16]. الوردة ذَابلة

Les historiques الوردة التي اهديتني et الوردة doivent être similaires dans la prédiction du mot "ذَابلة". Ceci n'est pas vrai dans le cas d'un modèle n-grammes classique. Seul un modèle distant se servira du mot الوردة pour la prédiction du mot ذَابلة. Les figures 3.1 et 3.2 montrent les relations prises en compte par les modèles n-grammes classiques et les modèles distants respectivement [69].

FIGURE 3.1 – Relation prise en compte par un modèle n-grammes classique

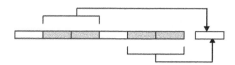

FIGURE 3.2 – Relation prise en compte par un modèle n-grammes distant

Un modèle n-grammes distant ne tient compte que des relations de distance égale à d. Or les relations dans la phrase peuvent s'instancier à différentes distances. C'est pourquoi, il est né-cessaire de combiner plusieurs modèles n-grammes distants de distance différente chacun [48]. Nous avons donc calculé plusieurs modèles de langage sur le corpus Corp2 (et le même vocabu-laire constitué des 2500 mots les plus fréquents) avec différentes distances ($d = 1, 2, 3, 4$). Nous avons par la suite effectué une combinaison linéaire des modèles n-grammes et n-grammes dis-tants ($n = 2, 3, 4$). Le tableau 3.9 illustre les résultats de ces expérimentations. Notons que quand ($d = 0$) le modèle revient au modèle n-grammes classique.
La notation $MC(i, j, ...)$ est employée pour décrire le modèle obtenu par combinaison des mo-dèles n-grammes distants de distances $i, j, ...$

Ces résultats prouvent que l'utilisation des modèles n-grammes distants améliore fortement la perplexité des modèles n-grammes de l'Arabe.

---

16. traduction en Français : la fleur que tu m'as offerte est fanée

n	baseline	MC(0,1)	MC(0,1,2)	MC(0,1,2,3)	MC(0,1,2,3,4)
2	333.99	152.18	108.25	89.65	80.08
3	351.27	159.01	116.33	95.85	84.78
4	387.41	172.06	122.04	100.19	88.37

TABLE 3.9 – Valeurs de perplexité des modèles MC(i, j, ...)

3.9 Conclusion

Ce chapitre nous a permis d'exposer en détails la modélisation statistique du langage. Il nous a également permis de présenter les résultats des expérimentations que nous avons menées dans le cadre de la modélisation statistique de la langue Arabe. Les premières expériences employant différentes techniques de lissage ont été effectuées sur un petit corpus extrait à partir d'un journal quotidien. La faible densité des données nous a mené à étudier d'autres solutions sans augmenter la taille du corpus. Une technique de segmentation de mot a été utilisée afin d'augmenter la viabilité statistique du corpus. Ceci a mené à de meilleurs résultats en termes de perplexité normalisée.

Nous pensons que même avec un corpus volumineux, la segmentation est nécessaire. En fait, beaucoup de mots Arabes sont construits sur la base de modèles qui sont employés en tant que règles génératives. Chaque modèle indique non seulement comment construire un mot mais donne le rôle syntaxique du mot produit.

Les expériences suivantes ont été entreprises pour démontrer l'influence de la nature du corpus d'apprentissage sur la qualité du modèle de langage. Nous avons également prouvé que l'utilisation des modèles n-grammes distants est également efficace pour la langue Arabe.

La modélisation statistique n'est pas une application récente pour des langues telles que l'Anglais et le Français. Une étude comparative des modèles de la langue Arabe et ceux d'autres langues est exposée dans ce qui suit.

Chapitre 4

Etude comparative des modèles statistiques de la langue Arabe et d'autres langues

4.1 Introduction

Les techniques statistiques ont été largement utilisées, au cours des deux dernières décennies, dans des domaines tels que la reconnaissance automatique de la parole et la traduction automatique. Un succès incontesté a alors été observé pour des langues dites "riches en ressources" telles que le Français et l'Anglais [44]. L'intérêt pour les langues telles que l'Arabe n'a été constaté que récemment. Nous exposons dans ce chapitre les résultats d'une étude comparative des modèles de langage de l'Arabe et ceux du Français [57]. A notre connaissance, une pareille étude n'a jamais été éffectuée. Son objectif étant de mieux comprendre comment modéliser le mieux chacune de ces deux langues. Les résultats obtenus nous ont poussés à étendre cette comparaison à d'autres langues de la famille de langues indo-européennes à savoir l'Anglais, le Grec et le Portugais afin de vérifier si les constatations faites restent valides pour des langues appartenant à une même famille. Nous nous sommes également intéressés à la famille des langues ouraliennes d'où nous avons choisis le Finnois (ou le Finlandais).

Le chapitre est organisé en plusieurs sections : Nous donnons dans les sections (4.2) et (4.3) une description des différentes familles de langues ainsi que les langues considérées. Ensuite, nous présentons et interprétons les performances des modèles statistiques du Français et de l'Arabe. Finalement, nous terminons par présenter les résultats obtenus pour les autres langues.

4.2 Famille des langues Indo-européennes

Le terme indo-européen a été introduit en 1816 par l'Allemand Franz Bopp pour désigner un ensemble de langues d'Europe et d'Asie (incluant le nord de l'Inde avec l'Iran, l'Afghanistan, le Pakistan et le Bangladesh) dont la parenté structurale s'est révélée remarquable. Le Sanskrit, le Grec, le Latin, le Hittite, le vieil Irlandais, le Gothique, le vieux Bulgare, le vieux Prussien, etc., présentent des liens communs surprenants. Cela signifie que la plupart des langues d'Europe et une grande partie des langues de l'Iran, de l'Afghanistan, du Pakistan, du Bengladesh et de l'Inde appartiennent à la famille indo-européenne.

La famille Indo-Européenne a joué un rôle capital dans l'histoire de la linguistique. En effet, elle fut la première famille de langues à être identifiée formellement comme la descendance d'une langue originelle commune, que l'on appelle aujourd'hui le proto-indo-européen. C'est la famille de langues la plus parlée dans le monde : Aujourd'hui, environ 1600 millions de personnes parlent des langues Indo-Européennes. Les langues de la famille indo-européenne sont divisées en plusieurs groupes (appelés parfois branches ou sous-familles) : Albanais, Anatolien, Arménien, Balte, Caucasien, Celtique, Germanique, Grec, Indo-iranien, Italique, Slave et Tokharien. Chaque groupe compte un nombre plus ou moins élevé de langues dont plusieurs

d'entre elles sont disparues. La figure 4.1 représente la liste des langues indo-européennes
présentées dans leur sous-groupe respectif.

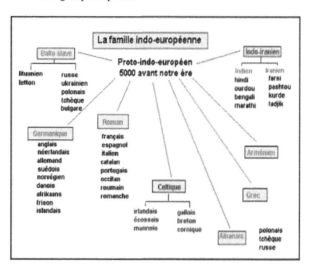

FIGURE 4.1 – Liste des langues indo-européennes dans leur groupe respectif

Cette famille est celle qui a été la plus étudiée ; c'est aussi celle dont on possède le plus de
documents anciens et celle dont on peut établir des liens génétiques absolument sûrs. Parmi les
langues appartenant à cette famille, nous nous intéressons aux suivantes :

4.2.1 Le Français

Le Français est une langue romane (ou italique) parlée principalement en France, dont elle
est originaire, ainsi qu'au Canada (principalement au Québec mais aussi dans le nord et l'est
du Nouveau-Brunswick et dans l'est et le nord-est de l'Ontario), en Belgique (en Wallonie,
à Bruxelles et dans certaines villes de Flandre) et en Suisse romande. Le Français est parlé
comme deuxième ou troisième langue dans d'autres régions du monde tel qu'au Maghreb. Avec
180 millions de locuteurs francophones réels dans le monde (évaluation de l'Organisation mon-
diale de la Francophonie : 2007) et 220 millions de locuteurs comme seconde langue et langue
étrangère (incluant l'Afrique noire et le Maghreb) le Français est la sixième langue la plus parlée dans le monde. Elle est une des trois langues internationales à être présentes et enseignées
sur les cinq continents, une des six langues officielles et une des deux langues de travail (avec
l'Anglais) de l'Organisation des Nations unies, et langue officielle ou de travail de plusieurs

57

organisations internationales ou régionales, dont l'Union européenne [17].

La majorité du fonds lexical français provient du Latin (en tant que langue mère) ou bien est construit à partir des racines gréco-latines. Des emprunts à d'autres langues sont assez nombreux : d'abord à l'Anglais (même anciens : nord, sud), puis à l'Italien, aux autres langues romanes, aux langues germaniques tels que l'Allemand ou le Néerlandais (ainsi boulevard vient du Hollandais ou du Flamand bolwerk). L'Arabe a fourni, et fournit encore quelques mots : alcool, algèbre, toubib, bled, etc.

4.2.2 Le Portugais

Le Portugais est une langue appartenant également à la branche romane de la famille des langues indo-européennes. Les locuteurs du Portugais se nomment les lusophones. Il est parlé au Portugal (Açores et Madère), au Brésil (où il est langue officielle), ainsi qu'en Angola, au Mozambique, au Cap-Vert, en Guinée-Bissau, en Guinée équatoriale, à Sao Tomé-et-Principe, au Timor oriental, à Goa (Inde), à Daman et Diu (Inde) et à Macao (Chine), en tout par 240 millions de personnes. Le Portugais occupe la sixième place au monde si on considère le nombre de personnes ayant cette langue comme langue maternelle. En Amérique du Sud, il est la première langue (où il compte 191.9 millions de locuteurs, soit plus de 51% de la population) et en Afrique, il se présente comme une importante lingua franca dans les anciennes colonies du Portugal [18]. Le Portugais est la langue officielle de plusieurs organisations internationales. C'est également une langue officielle de l'Union européenne, représentant 3% de sa population,et majoritaire dans le Mercosur, de l'Organisation des États américains , de l'Organisation des États ibéro-américains, de l'Union des Nations sud-américaines, et de l'Union africaine (une des langues de travail) et l'une des langues officielles d'autres organisations. La langue portugaise gagne en popularité en Afrique, en Asie et en Amérique du Sud en tant que deuxième langue d'étude.

Le Portugais s'écrit au moyen de l'alphabet latin complété par des diacritiques (tilde sur les voyelles a et o, cédille, accent circonflexe, accent aigu, accent grave) et des digrammes [19].

Grammaticalement, le Portugais se distingue de la plupart des autres langues romanes par l'existence d'un subjonctif futur servant à exprimer l'éventuel du futur [20] et par la conjugaison de l'infinitif avec son sujet dans les propositions infinitives. Comme toutes les langues romanes, le Portugais est une langue qui est fortement marquée par l'Arabe.

---

17. http ://fr.wikipedia.org/wiki/Fran%C3%A7ais, page consultée le 13|09|09.

18. http ://fr.wikipedia.org/wiki/Portugais, page consultée le 24|09|09

19. En linguistique, un digramme est un assemblage de deux graphèmes (deux lettres dans les alphabets) représentant un phonème unique et devenant un nouveau graphème.

20. Exemple : Se tiveres dúvidas, liga-me. : « Si tu as (auras) une question, appelle-moi. »

4.2.3 L'Anglais

L'Anglais est une langue germanique originaire d'Angleterre. C'est la langue maternelle ou l'une des langues des habitants de plusieurs pays, surtout du Royaume-Uni et de ses anciennes colonies, dont les États-Unis, l'Afrique du Sud, l'Irlande, le Canada, l'Australie, la Nouvelle-Zélande et l'Inde. L'Anglais est l'une des langues les plus parlées au monde : en nombre de locuteurs natifs, les estimations varient de 3e, après le chinois (mandarin) et l'hindoustani, à 4e, après l'espagnol. Considérée comme l'actuelle « langue internationale », elle est sans contredit la seconde langue la plus apprise et étudiée à travers le monde. Elle est la langue la plus utilisée sur internet. Elle est une des six langues officielles et une des deux langues de travail (avec le Français) de l'Organisation des Nations Unies (ONU).

L'Anglais utilise l'alphabet latin. Il n'utilise des signes diacritiques que pour écrire les mots d'origine étrangère. Son orthographe découle d'un long processus historique et il n'y a souvent plus de correspondance exacte entre celle-ci et la prononciation actuelle. L'Anglais admet une large base lexicale qui provient en grande partie de l'emprunt, à partir de la conquête normande, de nombreux mots franco-normands [21].

4.2.4 Le Grec

Langue parlée par le peuple Grec, depuis les périodes archaïque, Attique, Hellénistique, Byzantine jusqu'aux périodes modernes. Le Grec est le seul membre du groupe Grec des langues Indo-européennes. La langue parlée par les Grecs anciens diffère en bien des aspects du Grec moderne, mais Grec ancien et moderne utilisent le même alphabet, issu de l'alphabet Phénicien et composé de vingt-quatre lettres. Du point de vue lexical, le Grec moderne fait un usage intensif d'emprunts aux langues étrangères, notamment à l'Italien, au Turc et au Français, et se caractérise par sa facilité à créer des associations de mots. Actuellement le Grec est parlé par 15 à 22 millions de locuteurs, principalement en Grèce et à Chypre mais aussi par des communautés immigrantes et/ou minoritaires dans d'autres pays (Turquie, Bulgarie, Ukraine, Albanie, Macédoine, Hongrie, Roumanie, Moldavie, Géorgie).

4.3 Famille des langues Ouralienne

Les langues ouraliennes (du nom de l'Oural [22], leur lieu supposé d'origine) sont une famille d'une trentaine de langues parlées par à peu près 20 millions de personnes en Europe et en Asie. Les langues ouraliennes ayant le plus de locuteurs sont l'Estonien, le Finnois et le Hongrois.

---

21. Information extraite le 24|09|09 de http ://fr.wikipedia.org/wiki/Anglais
22. Les chaînes de montagnes qui séparent l'Europe de l'Asie, en Russie

4.3.1 Le Finnois

Le Finnois, également appelé Finlandais (en finnois : suomi), est une langue de la branche fennique de la famille des langues ouraliennes. Le Finnois s'écrit au moyen de l'alphabet latin. Il est parlé dans l'ensemble de la Finlande, à l'exclusion des îles Åland qui sont uniquement suédophones. Il l'est également en Russie, dans la république autonome de Carélie, où il bénéficie d'un statut officiel. Le Finnois compte au total 5 millions de locuteurs. Il est la langue maternelle d'environ 93 % des Finlandais ; en Carélie russe, le nombre des locuteurs est d'environ 70000.

4.4 Comparaison des modèles de l'Arabe et du Français

Plusieurs modèles de langage ont été calculé afin d'étudier leur pertinence pour ces deux langues. Différentes techniques de lissage ont été appliquées dans le but de trouver le meilleur modèle : Good-Turing, Witten-Bell et le lissage linéaire. Nous donnons dans cette section une description des corpus utilisés et les performances des modèles ainsi calculés.

4.4.1 Les corpus utilisés

A l'heure actuelle, la disponibilité de corpus de l'Arabe libres d'accés est un peu limitée. Ceci est dû certainement à l'interêt récent à la langue Arabe. Pour ces expérimentations, Nous avons utilisé le corpus *CAC-corpus* compilé par Latifa Al-Sulaiti [3]. Comme nous l'avons déjà mentionné dans la section (3.8.2), ce corpus est constitué de textes rassemblés de trois sources principales : magasines, journaux et sites Web. Le corpus du Français est extrait du journal Français *Le Monde*.

Afin que les résultats soient comparables, nous avons pris des corpus de tailles identiques : 580K mots pour l'apprentissage et 33K mots pour le test. Les vocabulaires sont également de taille identique et sont constitués des 3000 mots les plus fréquents y compris le mot virtuel "UNK".

4.4.2 Performances des modèles de langage

Nous présentons, dans cette sous-section, les performances des modèles de langage calculés pour les deux langues en terme de perplexité (P) et d'entropie (E). Elles sont listées dans les tableaux (4.1) et (4.2) pour le Français et l'Arabe respectivement.

Notons que les modèles statistiques du Français sont nettement plus puissants que ceux de l'Arabe. Plus exactement, l'Arabe semble être plus perplexe. Ceci est principalement dû au fait que les textes arabes sont rarement voyéllés. L'absence de cette information mène à beaucoup

n	Good-turing		Witten-bell		Linear	
	P	E	P	E	P	E
2	157.4	7.30	154.89	7.28	170.35	7.41
3	141.02	7.14	140.35	7.13	170.26	7.41
4	144.55	7.18	151.12	7.24	182.50	7.51
5	148.31	7.21	159.48	7.32	191.59	7.58
6	151.02	7.24	164.30	7.36	198.45	7.63
7	152.04	7.25	166.05	7.38	∞	∞
8	152.37	7.25	166.67	7.38		
9	152.65	7.25	166.87	7.38		

TABLE 4.1 – Performances des modèles n-grammes du Français

n	Good-turing		Witten-bell		Linear	
	P	E	P	E	P	E
2	326.14	8.35	310.17	8.28	346.68	8.44
3	265.03	8.05	240.41	7.91	292.07	8.19
4	233.97	7.87	204.44	7.68	261.84	8.03
5	229.29	7.84	184.95	7.53	258.07	8.01
6	238.75	7.95	176.99	7.47	279.56	8.13
7	254.96	7.99	173.73	7.44	323.50	8.34
8	269.06	8.07	172.47	7.43	415.3	8.70
9	279.07	8.12	172.35	7.43	∞	∞

TABLE 4.2 – Performances des modèles n-grammes de l'Arabe

de formes identiques de mots dans une grande variété de contextes [76], ce qui diminue la prévisibilité dans le modèle de langage. En outre, l'Arabe a une morphologie productive et trés riche donnant lieu à un grand nombre de formes probables de mots [27]. Bien sûr, ceci augmente le taux de mots hors vocabulaire (37.55%) et empêche l'évaluation robuste des probabilités du modèle de langage.

Notons également que pour le Français les modèles trigrammes sont les plus appropriés et ce quelque soit la technique de lissage employée. Pour l'Arabe, il semble que les modèles n-grammes d'ordre supérieur soient plus efficaces. Effectivement, selon les valeurs de perplexité données dans la table (4.2), les modèles 5-grammes sont les plus performants pour l'Arabe quelque soit la technique de lissage. Plus exactement, les modèles lissés avec la technique de Witten-Bell semblent être les plus appropriés.

Afin de récapituler ces résultats, nous les illustrons avec la courbe de la figure 4.2. En général les modèles lissés avec Good-Turing ou Witten-Bell sont les plus appropriés. La technique de lissage linéaire fournit des valeurs infinies pour $n = 9$ pour l'Arabe et $n = 7$ pour le Français.

Il convient de noter que la variation en terme de perplexité est très importante d'un modèle arabe à l'autre. Par contre pour le Français, la variation est moindre. La technique de

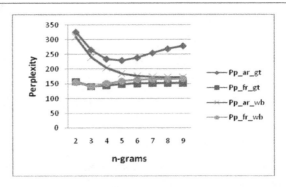

FIGURE 4.2 – Comparison des valeurs de perplexité obtenues pour les modèles de l'Arabe (ar) et du Français (fr) lissés avec les techniques Good-Turing (gt) et Witten-Bell (wb).

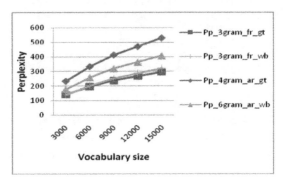

FIGURE 4.3 – Evolution de la perplexité des modèles n-grammes de l'Arabe (ar) et du Français (fr) dependant de la taille du vocabulaire.

Good-Turing donne les meilleures valeurs de perplexité pour le Français (Pp-fr-gt). Les modèles arabes lissés avec la méthode de Witten-Bell sont les plus efficaces (Pp-ar-wb). La perplexité cesse de diminuer seulement avec cette technique à partir de $n = 8$.

Notons également qu'avec cette valeur de n et seulement avec le lissage de Witten-Bell, les performances des modèles pour les deux langues sont proches.

Influence de la taille du vocabulaire

Pour renforcer ces résultats, nous avons effectué des expériences diverses en faisant varier la taille du vocabulaire. La figure 4.3 donne les valeurs de perplexité des modèles les plus efficaces de l'Arabe et du Français.

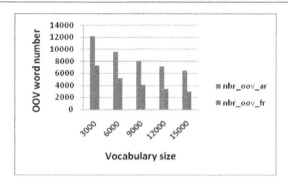

FIGURE 4.4 – Variation du nombre de mots hors vocabulaire OOV pour l'Arabe (nbr-oov-ar) et le Français (nbr-oov-fr) dependant de la taille du vocabulaire.

Les expériences montrent que le changement de la taille du vocabulaire a une influence directe sur le nombre de mots hors vocabulaire (OOV) (voir la figure 4.4). Mais cette augmentation de la taille du vocabulaire conduit à une dégradation significative des performances des modèles de langage, particulièrement ceux de l'Arabe (voir figure 4.3).

4.5 Comparaison des modèles de l'Arabe et ceux d'autres langues

L'objectif de cette étude est de vérifier si le fait que des langues appartiennent à une même famille à une influence sur le comportement des modèles de langage vu qu'elles possèdent une parenté structurale remarquable. A cet effet différents modèles n-grammes ont été développés pour la Portugais, l'Anglais et le Grec qui appartiennent à la même famille Indo-européenne que le Français et pour le Finnois comme langue appartenant à une famille différente.

4.5.1 Les données

Les corpus relatifs aux langues considérées sont extraits du corpus EUROPARL [46]. Ce corpus parallèle librement disponible sur Internet provient des actes du Parlement Européen entre Avril 1996 et Octobre 2006, et inclut les versions en 11 langues européennes : Français, Italien, Espagnol, Portugais, Anglais, Néerlandais, Allemand, Danois, Suédois, Grec et Finnois.

n	Good-turing		Witten-bell		Linear	
	P	E	P	E	P	E
2	120.53	6.91	120.16	6.91	129.14	7.01
3	101.79	6.67	102.96	6.69	122.69	6.94
4	105.61	6.72	110.74	6.79	134.51	7.07
5	109.88	6.78	117.04	6.87	144.35	7.17
6	112.43	6.81	119.59	6.90	153.08	7.26
7	113.67	6.83	120.22	6.91	∞	∞
8	114.31	6.84	120.42	6.91		
9	114.64	6.84	120.49	6.91		

TABLE 4.3 – Performances des modèles n-grammes du Portuguais

n	Good-turing		Witten-bell		Linear	
	P	E	P	E	P	E
2	116.02	6.89	116.36	6.86	124.21	6.81
3	101.50	6.67	103.02	6.69	120.94	6.77
4	104.21	6.70	109.05	6.77	131.94	6.90
5	108.30	6.76	114.32	6.84	142.27	7.02
6	111.05	6.80	116.45	6.86	151.02	7.12
7	112.15	6.81	117.10	6.87	∞	∞
8	112.68	6.82	117.23	6.87		
9	112.91	6.82	117.26	6.87		

TABLE 4.4 – Performances des modèles n-grammes de l'Anglais

n	Good-turing		Witten-bell		Linear	
	P	E	P	E	P	E
2	99.99	6.64	99.95	6.64	107.78	6.75
3	86.04	6.43	85.85	6.42	103.06	6.69
4	88.48	6.47	90.38	6.50	111.63	6.80
5	92.13	6.53	95.73	6.58	120.22	6.91
6	94.86	6.57	98.67	6.62	127.53	6.99
7	95.97	6.58	99.73	6.64	∞	∞
8	96.36	6.59	100.00	6.64		
9	96.60	6.59	100.08	6.64		

TABLE 4.5 – Performances des modèles n-grammes du Grec

4.5.2 Les performances des modèles de langage

En observant les tableaux de résultats, nous pouvons déduire que les valeurs de perplexité des différents modèles sont plus-ou-moins proches exception faite pour ceux du Finnois pour lequel l'écart est remarquable . Nous pouvons également remarquer que les modèles trigrammes sont encore une fois les plus performants quelque soit la technique de lissage utilisée. Spéciale-

n	Good-turing		Witten-bell		Linear	
	P	E	P	E	P	E
2	269.59	8.07	262.30	8.04	297.41	8.22
3	251.25	7.97	251.60	7.97	306.91	8.26
4	255.12	8.00	270.33	8.08	329.60	8.36
5	261.21	8.03	285.62	8.16	350.76	8.45
6	266.15	8.06	294.10	8.20	369.43	8.53
7	269.14	8.07	298.77	8.22	409.29	8.68
8	271.04	8.08	300.50	8.23	∞	∞
9	271.92	8.09	301.22	8.23		

TABLE 4.6 – Performances des modèles n-grammes du Finnois

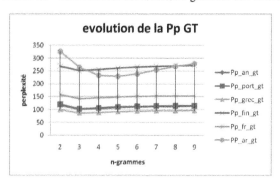

FIGURE 4.5 – Comparaison des valeurs de perplexité obtenues pour les modèles des différentes langues lissés avec Good-Turing (gt)

ment, les modèles lissés avec la méthode de Good-Turing sont les plus puissants. Nous donnons dans le tableau 4.7 le taux de mots hors vocabulaire observé pour chaque langue et la couverture du vocabulaire correspondant. Nous résumons aussi par la figure 4.5 les performances des modèles statistiques des différentes langues étudiées.

Langue	% OOV	Cov
Anglais	11.42	0.66
Portugais	16.27	0.52
Grec	18.74	0.46
Français	22.46	0.41
Finlandais	30.39	0.30
Arabe	37.55	0.27

TABLE 4.7 – Couverture et taux de mots hors vocabulaire pour les différentes langues

En effet, les courbes relatives au Français, Portugais, Anglais et Grec sont trés similaires :

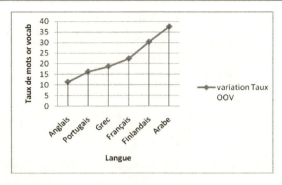

FIGURE 4.6 – Variation du nombre de mots hors vocabulaire OOV entre les différentes langues.

elles commencent par une valeur plus-ou-moins importante pour $n = 2$, atteignent une valeur minimale pour $n = 3$, puis à partir de $n = 4$ elles commencent à s'accroître. Les valeurs de perplexité des modèles du Finnois sont plus importantes par rapport aux perplexités obtenues pour les autres langues. Elles coincident avec celles des modèles de l'Arabe lissés avec la méthode de Good-Turing à partir de $n = 8$. Ces valeurs peuvent être expliquées par la nature agglutinante du Finlandais. Cette caractéristique a pour effet d'augmenter le nombre de mots hors vocabulaire et par conséquent empêche l'évaluation robuste des probabilités du modèle de langage. La figure 4.6 illustre la variation en nombre de mots hors vocabulaire entre les différentes langues.

4.6 Conclusion

Nous avons présenté, tout au long de ce chapitre une étude comparative des modèles n-grammes de l'Arabe et de plusieurs autres langues appartenant à différentes familles. Ainsi, différentes expérimentations ont été menées en utilisant différentes techniques de lissage. De façon générale, les modèles trigrammes sont les plus performants, quelque soit la méthode de lissage appliquée et quelque soit la langue, excepté pour l'Arabe. Les modèles n-grammes d'ordre supérieur lissés avec la technique de Witten-Bell sont plus appropriés pour l'Arabe. Comme est le cas pour toute langue à morphologie riche, le grand nombre de formes de mots possibles entraine des problèmes pour l'estimation robuste des modèles de langage. Ceci confirme encore une fois qu'il est préférable pour l'Arabe d'utiliser les morphèmes à la place de mots comme unité de traitement pour la modélisation statistique [59].

Conclusion générale

Nous avons présenté dans ce manuscrit nos travaux de recherche qui entrent dans le cadre de la modélisation statistique de la langue Arabe. D'abord, face au besoin réel de corpus de l'Arabe que l'on a senti, nous nous sommes penchés sur la mise au point d'un outil de construction de corpus à partir du Web. Avec le développement de l'Internet et de ses services, le Web est devenu une immense source de documents de toutes natures dans différentes langues et différents domaines. Cette source alliée à des supports de stockage permet la constitution rapide de corpus. L'outil ainsi développé est capable de donner par interrogation automatique du moteur de recherche Google une liste d'URL et de récupérer et normaliser les pages correspondantes. Le corpus que nous avons obtenu est constitué d'environ 608000 mots.

Malheureusement, on n'a pas pu utiliser directement ce corpus. Pour une application telle que la modélisation statistique du langage, des prétraitements supplémentaires sont nécessaires. En effet, le texte issu du web contient :

– des séquences de chiffres qui doivent être réécrites en mots.

– Des URL, des adresses e-mail et des mots étrangers qui doivent être supprimés.

– Des informations redondantes qui pourront influencer la qualité des modèles de langage.

Plusieurs mots de la langue Arabe respectent une topologie morphologique précise. Pour prendre en compte cette spécificité, nous avons menés plusieurs expérimentations afin de trouver le meilleur type de modèle de langage. Plusieurs modèles de langage (d'ordre 2, 3 et 4) ont alors été calculés, en utilisant le CMU-Toolkit, sur des corpus bruts puis segmentés. Les meilleurs résultats sont ceux pour lesquels l'apprentissage a été effectué sur des corpus où chaque mot a été segmenté partiellement en ses formes infra-lexicales. Nous avons également remarqué que la segmentation de textes arabes à une influence importante sur le nombre de mots hors vocabulaire (15.92% de mots hors vocabulaire au lieu de 30.19%). Nous avons aussi montré par le test que l'utilisation des modèles n-grammes distants est bénéfique pour la langue Arabe.

La dernière phase dans nos recherches consiste en une comparaison des performances des modèles statistiques de l'Arabe à ceux d'autres langues appartenant aux familles de langues Indo-européenne et Ouralienne. Différents modèles de langue ont été alors calculés. Les résultats obtenus ont révélés que les modèles trigrammes lissés avec la méthode de Good-Turing sont les plus performants pour les langues étrangères considérées. Pour l'Arabe les meilleurs modèles sont des modèles d'ordre supérieur (5-grammes) lissés avec la technique de Witten-Bell.

Perspectives

Les conclusions que nous venons de présenter nous amènent à envisager un certain nombre de perspectives. Tout d'abord, procéder à une segmentation complète (prefixes*-stem-suffixes*) des corpus de données afin de tester les performances des modèles statistiques calculés sur de tels corpus. Nous pensons qu'une telle segmentation réduira considérablement le nombre de mots hors vocabulaire et agira en faveur d'un meilleur modèle de langage.

Toujours dans un souci d'augmenter les performances des modèles de langage, nous proposons de combiner les modèles n-grammes avec des modèles cache de traits [71]. Ces derniers sont inspirés des modèles cache classiques. Un modèle cache est plus efficace en terme de prédiction d'un mot ayant été déjà rencontré. Pour cela, cette idée fut étendue aux traits. Le nouveau modèle prend en considération les traits des mots récents pour prédire un mot compatible en termes de traits.

Finalement on peut conclure que pour le traitement statistique de l'Arabe, il est important d'utiliser des corpus de taille plus importante (de l'ordre de millions de mots) afin de surpasser le problème de manque de données.

Annexe A

Un aperçu sur le CMU-Toolkit

Le CMU-Toolkit est un ensemble de programmes Unix qui facilitent la construction et le test de modèles de langage [21]. La première version de cet outil fut réalisée par Roni Rosenfeld à l'université Carnegie Mellon en 1994. On ne pouvait calculer que des modèles de type bigramme et trigramme. L'unique méthode de lissage que l'on pouvait utilisée était la méthode de Katz (Good-turing discounting + backing off). Les N-grammes peu fréquents ont été écartés afin de réduire la taille du modèle. Les données sont présentées au modèle par flot de mots entrecoupés par " des context cues " qui sont des marqueurs qui indiquent les événements tels que les limites d'une phrase (début et fin), d'un paragraphe, ou de l'article. Ils fournissent une information utile au modèle de langage mais ne doivent pas être prédis par le modèle.

Le CMU toolkit supporte trois type de vocabulaires où les mots hors vocabulaire sont traités de manières différentes :

- Un modèle de vocabulaire fermé : l'apparition d'un mot hors vocabulaire, dans les données d'apprentissage ou de test, provoque une erreur. Ce type de modèle doit être utilisé dans un environnement commande\contrôle où le vocabulaire est restreint au nombre de commandes compréhensibles par le système.

- Un modèle de vocabulaire ouvert : permet l'apparition de mots hors vocabulaire. Ces mots sont remplacés par un même symbole. Deux types de modèles à vocabulaire ouvert ont été implémentés dans le toolkit :

  1. Le premier traite les mots hors vocabulaire comme n'importe quel autre mot du vocabulaire.

  2. Le second est utilisé pour couvrir les cas où des mots hors vocabulaire apparaissent dans le corpus de test alors qu'ils ne sont pas apparus dans le corpus d'apprentissage.

Les améliorations apportées à la version 1 :

1. plusieurs méthodes de lissage : en plus de la méthode de Good-turing, la version 2 utilise les méthodes de lissage suivantes :
   - Lissage linéaire
   - Lissage absolu
   - Lissage de Witten-Bell

2. La nouvelle version ne se limite pas à la construction et le test de modèles de bigrammes et trigrammes mais est utilisée quelque soit la valeur de n.

3. Usage efficace de la mémoire.

4. L'étape d'évaluation du modèle de langage est plus interactive.

5. Permet l'évaluation de modèles même s'ils n'ont pas été générés par le toolkit à condition qu'ils soient au format standard ARPA.

6. L'outil utilisé pour l'évaluation permet à l'utilisateur de spécifier un ensemble de paramètres de repli forcé. Ce repli est surtout effectué quand on rencontre des indicateurs de
   limites (context cues) afin de définir le contexte à prendre en considération pour le calcul des probabilités. Soit par exemple la chaîne de mots suivante A<S>B où <S> est un
   indicateur de fin de phrase. La probabilité de B doit être calculée en se basant sur la distribution bigramme P(B/<S>) ou bien unigramme P(B) au lieu de la distribution trigramme
   P(B/A<S>).

7. Facilite la combinaison de modèles de langage : le toolkit dispose d'un programme qui
   calcule les poids de maximum de vraisemblance d'un ensemble de modèles en utilisant
   l'algorithme (EM). Ce programme reçoit en entrée l'ensemble des probabilités calculées.

8. Des outils de prétraitement plus efficaces. La version 2 utilise une approche plus efficace
   au dépend de la simplicité et la modularité de son prédécesseur.

Pour définir le vocabulaire du modèle, générer le modèle à partir d'un corpus de textes et
finalement évaluer ses performances, le toolkit opère de la manière suivante :

1. Création du vocabulaire : le toolkit incorpore
   - Un outil permettant l'extraction du nombre d'occurrences de chaque mot dans le texte
     d'entrée (text2wfreq).
   - Un outil qui convertit cette liste en un fichier de vocabulaire (par exemple contenant
     les 20000 mots les plus fréquents).
   - On doit aussi spécifier l'ensemble de marqueurs à utiliser (les context cues).

2. Construction du modèle de langage : la première étape consiste à réécrire les textes qui
   vont servir à l'apprentissage sous forme d'une liste de ngrammes où chaque mot se verra
   affecté un entier qui sera égale à zéro pour les mots hors vocabulaire. La deuxième étape
   convertie ce flot de ngrammes en un fichier binaire.

3. Evaluation du modèle de langage : l'outil " evallm " est utilisé pour une évaluation interactive du modèle.

Bibliographie

[1] Arabic dialects. http ://www.arabic-language.org/arabic/dialects.asp, 2011.

[2] Dina Al-Kassas. *Une étude contrastive de l'Arabe et du Français dans une perspective de génération multilingue*. PhD thesis, Université PARIS 7, DENIS DIDEROT, UFR Linguistique, 2005.

[3] Latifa Al-Sulaiti. *Designing and developing a corpus of contemporary Arabic*. PhD thesis, University of Leeds, School of Computing, 2004.

[4] Alexandre Allauzen and Jean Luc Gauvain. Adaptation automatique du modèle de langage d'un système de transcription de journaux parlés. *TAL*, 44(1) :11–31, 2003.

[5] Carmen Alvarez, Philippe Langlais, and Jian-Yun Nie. Mots composés dans les modèles de langue pour la recherche d'informations. In *TALN'2004*, Fès, Maroc, Avril 2004.

[6] K. Hayder Al Ameed and O. Shaikha Al Ketbi et al. Arabic light stemmer : A new enhanced approach. In *Proceedings of the the Second International Conference on Innovations in Information Technology*. IIT'05, 2005.

[7] M. Baroni and S. Bernardini. Bootcat : Bootstrapping corpora and terms from the web. In *proceeding of International conference on language ressources and evaluation LREC'04*, pages 1313–1316, 2004.

[8] C. Beaujard and M. Jardino. Language modeling based on automatic word concatenations. In *Proceeding of the Europeen conference on speech communication and technology*, pages 1563–1566, 1999.

[9] K. Beesley. Arabic finite-state morphological analysis and generation. In *Proceedings of COLLING'96*, pages 89–94, Copenhagen.

[10] K. Beesley. Finite-state morphological analysis and generation of arabic at xerox research : status and plans in 2001. In http ://www.elsnet.org/acl2001-arabic.html.

[11] Y. Benajiba and P. Rosso. Towards a measure for arabic corpora quality. In *Colloque international du traitement automatique de la langue Arabe CITALA'07*, pages 213–221, Rabat, Maroc.

[12] Yacine Benajiba. *Arabic Named Entity Recognition*. PhD thesis, Universidad Politecnica de Valencia, Departamento de Sistemas Informaticos y Computacion, 2009.

[13] S. Berland. *constitution de corpus à partir du web pour l'acquisition terminologique : une expérience*. Mémoire de DESS Ingénierie Multilingue, INALCO, Paris, 2000.

[14] E. Brill, R. Florian, John C. Henderson, and L. Mangu. Beyond n-grams : can linguistic sophistication improve language modeling ? In *Proceeding of the association of the computational linguistics*, pages 186–190, 1998.

[15] A. Brun, D. Langlois, and K. Smaili. Improving language models by using distant information. In *International symposium on signal processing and its applications*, Dubaï.

[16] Armelle Brun. *Détection de thème et adaptation des modèles de langage pour la reconnaissance automatique de la parole*. PhD thesis, Université Henri Poincaré Nancy 1, 2003.

[17] T. Buckwalter. Buckwalter arabic morphological analyzer version 1.0. In *Linguistic Data Consortium, Philadelphia.*, 2002.

[18] T. Buckwalter. Buckwalter arabic morphological analyzer version 2.0. In *Linguistic Data Consortium, Philadelphia.*, 2004.

[19] C. Chelba and F. Jelinek. Exploiting syntactic structure for language modeling. In *Proceeding of the Thirty-Sixth Annual Meeting of the Association for Computational Linguistics and Seventeenth International Conference on Computational Linguistics*, pages 225–231, 1998.

[20] G. Choueiter. Morpheme-based language modeling for arabic lvcsr. document disponible sur le Web., 2007.

[21] P. Clarkson and R. Rosenfeld. Statiscal language modeling using the cmu-cambridge toolkit. In *the 5th European conference on speech communication and technology (Eurospeech)*, pages 799–802, 1997.

[22] Philip R. Clarkson. *Adaptation of statistical language models for automatic speech recognition*. PhD thesis, Darwin college, University of Cambridge and Cambridge University Engeneering Department, 1999.

[23] K. Darwish. Building a shallow morphological analyser in one day. In *ACL 2002 Workshop on computational approaches to semitic languages*, 2002.

[24] Sabine Deligne and François Bimbot. Language modeling by variable length sequences : theoritical formulation and evaluation of multigrams. In *Proceeding of the international conference on acoustics, speech and signal processing*, pages 169–172, Détroit, Mai 1995.

[25] Estelle Dubreil. Principes de constitution du corpus tal(n) dédié à une analyse sémantico-discursive. In *Coldoc 05 - 2ème Colloque Jeunes Chercheurs en Sciences du langage*, 2005.

[26] M. El-Bèze, M. Jardino, and Frédéric Bimbot. Une approche alternative pour le calcul de la perplexité. In *Actes des 1ères journées scientifiques et techniques du réseau francophone de l'Ingénierie de la langue de l'AUPEL-UREF*, pages 79–84, Avignon, Avril 1997.

[27] K. Kirchoff et al. Novel approaches to arabic speech recognition. technical report. In *Proceedings of the 2002 Johns-Hopkins summer workshop*, John-Hopkins University, 2002. John-Hopkins University.

[28] A. Freeman. Brill's pos tagger and a morphology parser for arabic [online]. Available from the World Wide Web : http ://www.elsnet.org/acl2001-arabic.html, 2002.

[29] J.L. Gauvain, L. Lamel, D. Adda, and D. Matrouf. The limsi 1995 hub system. In *the ARPA Spoken Language Technology Workshop*, 1996.

[30] R. Ghani, R. Jones, and D. Mladenic. Mining the web to create minority language corpora. In *CIKM*, pages 279–286, 2001.

[31] A. Ghaoui, F. Yvon, C. Mokbel, and G. Chollet. Modèle de langage statistique à base de classes morphologiques. In *Le traitement automatique de l'Arabe, JEP-TALN*, 2004.

[32] D. M. Greenberger, M. A. Horne, and A. Zeilinger. Going beyond Bell's theorem.

[33] Alexander Gutkin. *Log-Linear interpolation of language models*. PhD thesis, University of Cambridge, 2006.

[34] Benoit Habert. Des corpus représentatifs : de quoi, pour quoi, comment ? *Linguistique sur corpus. Études et réflexions*, pages 11–58, 2000.

[35] J.P. Haton, C. Cerisara, D. Fohr, Y. Laprie, and K. Smaili. *Reconnaissance automatique de la parole : du signal à son interprétation*. Dunod, 2006.

[36] F. Issac, T. Hamon, L. Bouchard, L. Emirkanian, and C. Fouqueré. Extraction informatique de données sur le web : une expérience. In *in Multimédia, Internet et francophonie : à la recherche d'un dialogue*, Vancouver, Canada.

[37] Michèle Jardino and Gilles Adda. Automatic word classification using simulated annealing. In *Proceeding of the international conference on acoustics, speech and signal processing*, pages 41–44, Minneapolis, Avril 1993.

[38] Christian Jauvin. *Quelques modèles de langage statistiques et graphiques lissés avec WordNet*. Mémoire de maîtrise ès sciences (M Sc) en informatique, Département d'informatique et de recherche opérationnelles, Université de Montreal,, 2003.

[39] S. M. Katz. Estimation of probabilities from sparse data for the language model component of a speech recognizer. *IEEE Transactions on Information Theory*, 35(3) :400–410, 1987.

[40] Frank Keller and Mirella Lapata. Using the web to obtain frequencies for unseen bigrams. *Computational Linguistics*, 29(3) :459–484, 2003.

[41] Shereen Khoja. Apt : Arabic part of speech tagger. In *Association for computational linguistics*, 2001.

[42] A. Kilgarrif and G. Grefenstette. Introduction to the special issue on the web as corpus. In *Association for computational linguistics*, pages 333–347, 2003.

[43] Adam Kilgarriff and Gregory Grefenstette. Introduction to the special issue on the web as corpus. *Computational Linguistics*, 29(3) :333–347, 2003.

[44] W. Kim and S. Khudanpur. Cross-lingual lexical triggers in statistical language modeling. In *Proceedings of the 2003 conference on Empirical methods in natural language processing*, pages 1–5, New York, jan 2003.

[45] K. Kirchhoff, D. Vergyri, J. Bilmes, K. Duh, and A. Stolcke. Morphology-based language modeling for conversational arabic speech recognition. Preprint submitted to Computer, Speech and Language, 2005.

[46] P. Koehn. Europarl : A multilingual corpus for evaluation of machine translation. disponible sur http ://www.statmt.org/europarl/, MT Summit., 2005.

[47] S. Kullback and R.A. Leibler. On information and sufficiency. *Annals of Mathematical Statistics*, 22(1) :79–86, 1951.

[48] D. Langlois, K. Smaili, and J. P. Haton. Dealing with distant relationships in natural language modeling for automatic speech recognition. In *4th World multiconference on systemics, cybernetics and informatics, the SCI2000 conference*, pages 400–405, Orlando, USA.

[49] David Langlois. *Notions d'évènements distants et d'évènements impossibles en modélisation stochastique du langage : application aux modèles n-grammes de mots et de séquences*. PhD thesis, Université Henri Poincaré Nancy 1, 2002.

[50] David Langlois and Kamel Smaili. A new based distance language model for a dictation machine : application to maud. In *Eurospeech*, pages 1779–1782, 1999.

[51] Chantal Lemay. *Identification automatique du vocabulaire caractéristique du domaine de l'informatique fondée sur la comparaison de corpus*. Mémoire présenté à la faculté des études supérieures en vue de l'obtention du grade de Maitre en traduction, 2003.

[52] P. Makagonov and M. Alexandrov. Some statistical characteristics for formal evaluation of the quality of text books and manuals. In *Computing Research :Selected papers*, pages 99–103, 1999.

[53] C. Manning and H. Schütze. *Foundations of statistical natural language processing*. MIT Press, Cambridge, Massachusetts, 1999.

[54] E. Marshman. *Construction et gestion des corpus : Résumé et essai duniformisation du processus pour la terminologie*. équipe ECLECTIK, Observatoire de linguistique Sens-Texte (OLST), Université de Montréal, 2003.

[55] K. Meftouh, K. Smaili, and M. T. Laskri. Arabic statistical n-gram models. *international Review on Computers and Software (IRECOS)*, 4(1) :68–72, 2009.

[56] K. Meftouh, K. Smaïli, and M. T. Laskri. Arabic statistical language modelling. In *9es Journées internationales d'Analyse statistique des Données Textuelles, JADT'08*, pages 837–844, Lyon, France.

[57] K. Meftouh, K. Smaïli, and M. T. Laskri. Comparative study of arabic and french statistical language models. In *International Conference on Agents and Artificial Intelligence, ICAART'09*, Porto, Portugal.

[58] K. Meftouh, K. Smaïli, and M. T. Laskri. Constitution d'un corpus de la langue arabe à partir du web. In *Colloque international du traitement automatique de la langue Arabe CITALA'07, Rabat, Maroc*, pages 105–112, Rabat, Maroc.

[59] K. Meftouh, K. Smaïli, and M. T. Laskri. Modélisation statistique de la langue arabe. In *Journées d'étude du traitement automatique de la langue Arabe JETALA'06*, pages 233–237, Rabat, Maroc.

[60] H. Ney, U. Essen, and R. Kneser. On structuring probabilistic dependencies in stochastic language modeling. *Computer Speech and Language*, 8(1) :1–38, 1994.

[61] M. Nikkhou and K. Choukri. *Survey on Arabic Language Resources and Tools in the Mediterranean Countries*. NEMLAR, Center for Sprogteknologi, University of Copenhagen, Denmark, 2005.

[62] Abdusalam F Ahmed Nwesri. *Effective Retrieval Techniques for Arabic Text*. PhD thesis, School of Computer Science and Information Technology, RMIT University, 2008.

[63] Jeremy Palmer. Arabic diglossia : Teaching only the standard variety is a disservice to students. http ://w3.coh.arizona.edu/AWP/AWP14/AWP14

[64] Fuchun Peng. *The sparse data problem in statistical language modeling and Unsupervised word segmentation*. PhD thesis, University of Waterloo, Computer science department, 2001.

[65] P. Placeway, R. Schwartz, P. Fung, and L. Nguyen. The estimation of powerful language models from small and large corpora. In *Proceedings of the International Conference on Acoustics, Speech and Signal Processing*, pages 33–36, 1993.

[66] F. Rastier. Enjeux épistémologiques de la linguistique de corpus. In *Actes du 2ème colloque des Journées de la linguistique de corpus*, 2002.

[67] P. Resnik. Parallel strands : A preliminary investigation into mining the web for bilingual text. In *conference of the association for machine translation in the Americas*, 1998.

[68] C. Rolland. *LATEX Guide pratique*. Addison-Wesley, 1995.

[69] S. Saraswathi and T. V. Geetha. Comparison of performance of enhanced morpheme-based language models with different word-based language models for improving the performance of tamil speech recognition system. *ACM Trans. Asian language. Inform. Process*, 6(3) :1–19, 2007.

[70] S. Sharoff. Creating general-purpose corpora using automated search engine. In *Wacky ! Working papers on the web as corpus, Bologna : GEDIT*, pages 63–98, 2006.

[71] Kamel Smaïli, Caroline Lavecchia, and Jean-Paul Haton. Linguistic features modeling based on partial new cache. In *Proceedings of the 6th International conference on language ressources and Evaluation LREC'2006*, 2006.

[72] F. Chen Stanley and J. Goodman. *An empirical study of smoothing techniques for language modeling*. Computer science group, Harvard University, 1998.

[73] M. Ueyama and M. Baroni. Automated construction and evaluation of japanese web-based reference corpora. In *proceedings of corpus linguistics*, 2005.

[74] D. Vaufreydaz, C. Bergamini, J. F. Serignat, L. Besacier, and M. Akbar. A new methodology for speech corpora definition from internet documents. In *Proceeding of International conference on language ressources and evaluation LREC'00*, 2000.

[75] Dominique Vaufreydaz. *Modélisation statistique du langage à partir d'Internet pour la reconnaissance automatique de la parole continue*. PhD thesis, Université Joseph Fourier, Grenoble 1, 2002.

[76] D. Vergyri and K. Kirchhoff. Automatic diacritization of arabic for acoustic modeling in speech recognition. In *Proceedings of the COLING Workshop on Arabic-script Based Languages*, Geneva, Switzerland, 2004.

[77] I. T. Witten and T. C. Bell. The zero-frequency problem : Estimating the probabilities of novel events in adaptive text compression. *IEEE Transactions on Acoustics, Speech and Signal processing*, 37(4) :1085–1094, 1991.

[78] Y.Lee, K.Papineni, S.Roukos, O.Emam, and H.Hassan. Language model based arabic word segmentation. In *the 41st Annual meeting of the association for computational linguistics*, pages 399–406, 2003.

[79] I. Zitouni, K. Smaili, and J.P Haton. Statistical language modeling based on variable-length sequences. *Computer Speech and Language*, 2003.

[80] Imed Zitouni. *Modélisation du langage pour les systèmes de reconnaissance de la parole destinés aux grands vocabulaires : application à MAUD*. PhD thesis, Université Henri Poincaré Nancy 1, 2000.

Bibliographie

Résumé

Nous exposons dans ce manuscrit notre travail de recherche qui s'inscrit dans le cadre du traitement automatique de la langue Arabe. Nous commençons par présenter en premier lieu notre outil destiné à la construction de corpus pour l'Arabe. Il permet de recueillir automatiquement une liste de sites dédiés à la langue Arabe. Ensuite le contenu de ces sites est extrait et est normalisé. Le corpus ainsi constitué peut être utilisé dans diverses applications de traitement du langage naturel et plus particulièrement dans le calcul de modèles de langage statistiques. Nous nous intéressons en deuxième lieu à la modélisation statistique de la langue Arabe. Plusieurs expérimentations utilisant différentes techniques de lissage ont été menées sur un corpus extrait d'un journal quotidien. Le manque de données, nous a conduit à entreprendre d'autres solutions sans pour cela augmenté la taille du corpus. Nous avons procédé à une segmentation des mots du corpus afin d'augmenter la viabilité statistique de ce dernier. Une meilleure performance en terme de perplexité normalisée fut constatée. Nous avons également étudier l'influence de la nature des corpus sur la qualité des modèles de langage. Nous avons aussi montrer que l'utilisation des modèles n-grammes distants améliore les performances des modèles de base. Finalement, nous présentons une étude comparative des modèles statistiques de l'Arabe et ceux d'autres langues. Les modèles trigrammes sont les plus performants pour les langues étrangères quelque soit la technique de lissage utilisée. Pour l'Arabe, des modèles n-grammes d'ordre supérieur lissés avec la méthode de Witten-Bell sont les plus appropriés.

Mots-clés: Modèle de langage, Morphèmes, Perplexité, Langue Arabe, Corpus de textes, Segmentation, Techniques de lissage, Langue étrangère

Abstract

In this document we expose our work in the field of Arabic language processing. First, we describe our Tool dedicated to automatic construction of Arabic corpora. it build Arabic corpora using automated search engine queries, retrieving and post-processing the pages found in this way. The constructed corpus represents Arabic in general and will be used to compute statistical language models. Second we propose to investigate statistical language models for Arabic. Several experiments using different smoothing techniques are carried out on a small corpus extracted from a daily newspaper. The sparseness of the data leads us to investigate other solutions without increasing the size of the corpus. A word segmentation technique has been employed in order to increase the statistical viability of the corpus. An n-morpheme model has been developed which leads to a better performance in terms of normalized perplexity. The next experiment concerns the study of the behavior of statistical models based on different kinds of corpora. The introduction of distant n-gram improves the baseline model. Finally we propose a comparative study of statistical language models for Arabic and several foreign languages. The objective of this study is to understand how to better model each of this languages. For foreign languages, trigram models are most appropriate whatever the smoothing technique used. For Arabic, the n-gram models of higher order smoothed with Witten Bell method are more efficient.

Keywords: Language model, morphemes, perplexity, Arabic language, Text corpora, Segmentation, Smoothing techniques, Foreign language

www.ingramcontent.com/pod-product-compliance
Lightning Source LLC
LaVergne TN
LVHW042341060326
832902LV00006B/303